essentials

essentials liefern aktuelles Wissen in konzentrierter Form. Die Essenz dessen, worauf es als „State-of-the-Art" in der gegenwärtigen Fachdiskussion oder in der Praxis ankommt. *essentials* informieren schnell, unkompliziert und verständlich

- als Einführung in ein aktuelles Thema aus Ihrem Fachgebiet
- als Einstieg in ein für Sie noch unbekanntes Themenfeld
- als Einblick, um zum Thema mitreden zu können

Die Bücher in elektronischer und gedruckter Form bringen das Fachwissen von Springerautor*innen kompakt zur Darstellung. Sie sind besonders für die Nutzung als eBook auf Tablet-PCs, eBook-Readern und Smartphones geeignet. *essentials* sind Wissensbausteine aus den Wirtschafts-, Sozial- und Geisteswissenschaften, aus Technik und Naturwissenschaften sowie aus Medizin, Psychologie und Gesundheitsberufen. Von renommierten Autor*innen aller Springer-Verlagsmarken.

Quirin Graf Adelmann v. A. ·
Florian Löhlein

Effizienz- und Leistungserhöhung durch Tagesstrukturierung

Wie Sie mit disziplinierter Selbststrukturierung noch erfolgreicher werden

Quirin Graf Adelmann v. A.
Berlin, Deutschland

Florian Löhlein
Berlin, Deutschland

ISSN 2197-6708 ISSN 2197-6716 (electronic)
essentials
ISBN 978-3-658-38700-6 ISBN 978-3-658-38701-3 (eBook)
https://doi.org/10.1007/978-3-658-38701-3

Die Deutsche Nationalbibliothek verzeichnet diese Publikation in der Deutschen Nationalbiblio-
grafie; detaillierte bibliografische Daten sind im Internet über http://dnb.d-nb.de abrufbar.

Planung/Lektorat: Ulrike Lörcher
Springer Gabler ist ein Imprint der eingetragenen Gesellschaft Springer Fachmedien Wiesbaden
GmbH und ist ein Teil von Springer Nature.
Die Anschrift der Gesellschaft ist: Abraham-Lincoln-Str. 46, 65189 Wiesbaden, Germany

Was Sie in diesem *essential* finden können

- Inspiration und Anleitung für Führungskräfte
- Die übersichtliche Darstellung der effizienten Tagesordnung
- Konsequentes delegieren und priorisieren
- Die Optimierung der eigenen Zeit zur Herstellung höchster Belastungsflexibilität
- Zahlreiche Praxisbeispiele und Tipps zur Veranschaulichung

Vorwort

Viele Menschen haben sich in den letzten Jahrzehnten daran gewöhnt, die Frage der Leistungsbereitschaft und Leistungsfähigkeit von Managern in zahlreichen Analysen zu finden, die die eigene Fähigkeit ausblendet. Der Fokus der Qualität eines Menschen in Führungsverantwortung wurde gern auf eine gesamtgesellschaftliche Moralebene gelegt. Die Frage der Belastungsbewertung und wie und welche Zeit überhaupt rechtfertigt, in Unternehmen zu investieren, stehen im Vordergrund. Im Zuge der Covid-19-Krise und der damit verbundenen zwei Jahre Pausenzeiten haben den Menschen zudem aus dem Leistungsrhythmus genommen. Was bedeutet Work-Life-Balance? Wie erkennt man Burnout rechtzeitig und welche Software nimmt die eigene Arbeit ab?

Wir schauen allesamt von außen auf den Manager. Umgekehrt werden die Aufgaben von Führungskräften transparenter und digitaler. Mitarbeiter*Innen stellen ihrerseits Forderungslisten und sind weniger loyal zu Arbeit und Unternehmen als noch vor einem Jahrzehnt. Dieses Buch dient dazu, dem Unternehmer, Manager und Führungsverantwortlichen bei sich selbst aufzuzeigen, welche methodischen Maßnahmen dazu führen, leistungsfähig zu werden oder zu bleiben, Erfolg zu haben und gleichzeitig die empfundene Belastung von Arbeit und Zeiteinsatz auf ein Minimum herabzusetzen – weitgehend losgelöst von moralischen oder pädagogischen Außeneinwirkungen auf den Menschen.

Es ist eine Anleitung zur Gestaltung der eigenen Zeit und zur effektiven Tagesorganisation. Die Autoren, beide seit Jahrzehnten erfolgreiche Führungskräfte und Unternehmer, zeigen anhand vieler Praxisbeispiele auf, wie sie in unterschiedlichen Positionen in Konzernen und im Mittelstand ihre Arbeit und ihre Tagesabläufe organisieren, um messbare Ergebnisse für das Unternehmen und sich selbst abzuliefern.

Dieses Buch dient nicht dazu, eine Karriere zu planen oder gar zu erklären, wie man jeden Führungsjob gut und effizient macht. Das kann man sicherlich auch eine ganze Weile mit der nachfolgend beschriebenen Strategie und Methodik. Der erste Fehler einer Führungskraft ist allerdings, eine Karriere bis ins letzte Detail über Jahre hinaus zu planen. Außerdem grundlegend falsch ist, einen Job passend zu machen. Vielmehr ist es wichtig, eine Aufgabe zu finden, die zum Menschen passt und diese dann hin zu dauerhaftem Erfolg zu verbessern.

Quirin Graf Adelmann v. A.
Florian Löhlein

Inhaltsverzeichnis

Der Tag und die Woche

Ein Arbeitnehmer*In, verpflichtet sich vertraglich, 35 oder 40 Std. für ein Unternehmen eine bestimmte private Arbeit(szeit) oder fremde Dienstleistung an 5 Tagen pro Woche bei mindestens 24 Tagen Urlaub zu erbringen. Der Unternehmer hat diese Messbarkeit bzw. dieses Maß nicht. Ein Inhaber, Vorstand oder Geschäftsführer steht im Gegensatz hierzu quasi rund um die Uhr im gesamten Jahr für das Unternehmen bereit. Der Tag hat objektiv gesehen 24 h, die Woche 7 Tage, wovon es 52 pro Jahr gibt. Denn in der Regel haben Unternehmensaufgaben keine Schließzeiten. Es gibt auch keine Unternehmer-Gewerkschaft oder einen Unternehmer-Betriebsrat, die mehr freie Tage für Unternehmer erstreiten oder kürzere Wochen. Die für das Überleben jedes Unternehmens nötigen Umsatzeingänge und Ertragsoptimierungen gehen nicht zufällig auf dem Unternehmenskonto ein, sondern sind das Ergebnis des optimalen Nutzens dieser maximal 24 Std. verfügbarer Zeit je Tag im Rahmen der Kraft, die der/dem Unternehmenslenker körperlich und geistig zur Verfügung steht. Der Unternehmer muss immer bereit sein, Bedürfnisse des Unternehmens zu erfüllen. Diese sind natürlicherweise komplex und enden nicht bei der Steuerung der Mitarbeiter oder der passiven Bedienung von Kunden. Es geht um zahlreiche weitere Anforderungen und sei es womöglich nur die Anrufentgegennahme des Wachschutzes an einem Sonntag, weil ein Fehlalarm ausgelöst wurde.

Der Unternehmer und die Unternehmerin muss seine bzw. ihre Zeit zunächst einmal in operative und nicht operative Aufgaben zerteilen und effizient strukturieren. Bei operativen Aufgaben, die nicht höchstpersönlich zu erledigen sind und delegiert werden können, ist er oder sie zeitlich gebunden, weil Abhängigkeit von anderen in Kommunikation, Anwesenheit oder Tun sowie der Mitwirkung Dritter besteht. Zusätzlich gibt es all die Aufgaben, die strategischer Natur sind. Diese sind eigentlich am wichtigsten, weil es dafür einen freien Kopf braucht und eine ausreichende Vor- und Alternativplanung. Hier muss man „on the company" und

© Der/die Autor(en), exklusiv lizenziert an Springer Fachmedien Wiesbaden GmbH, ein Teil von Springer Nature 2022
Q. Graf Adelmann v. A. und F. Löhlein, *Effizienz- und Leistungserhöhung durch Tagesstrukturierung*, essentials,
https://doi.org/10.1007/978-3-658-38701-3_1

Abb. 1.1 Arbeitsinhalt und Zeiteinsatz, Quirin Graf Adelmann

nicht „in the company" arbeiten, wenn man so will Abb. 1.1. Viele Führungskräfte gehen im operativen Geschäft unter und laufen ihren Aufgaben hinterher, weil sie es nicht schaffen, sich korrekt zu organisieren und richtig zu planen. Warum gibt es aber Menschen, die zahlreiche (erfolgreiche) Unternehmen gleichzeitig führen können und zudem visionär sind und Ideen auch immer wieder aufs Neue umsetzen können? Natürlich gibt es Menschen, die schneller sind, talentierter oder auch körperlich und geistig belastbarer. Im Kern aber geht es zuallererst um optimierte Planung der eigenen Zeit, das Setzen der Aufgaben innerhalb des Tages oder der Woche im Rahmen der strategischen Ziele eines Unternehmens.

Zunächst muss klar sein, welche wichtigen Meilensteine das Unternehmen erreichen soll. Geht es beispielsweise ausschließlich um Umsatzerhöhung, werden natürlich die Arbeitsschwerpunkte auf Marketing und Vertrieb gesetzt. Geht es um Produktoptimierung oder Brand Marketing, Finanzierungsthemen usw., muss die Konzentration des Zeit-, Inhalts- und Kontrolleinsatzes auf diese Felder gesetzt werden. Dies wird gern als Tunnelblick verspottet wird, welches auch seinen Vorteil haben kann.

Es gibt im Kern drei Ebenen der Unternehmensaktivität: die Ebene des täglich **Operativen,** die Ebene der **Schlüsselkontakte** und die Ebene der **Gesamtstrategie.** Je mehr die Führungskraft auf der dritten Ebene durchdenken und vorplanen bzw. auch alternative Pläne entwickeln und im Team umsetzen kann, desto erfolgreicher wird das Unternehmen sein bzw. desto besser können dessen Potenziale genutzt werden. Im Umkehrschluss ist die Kontrolle über den Inhalt eines jeden Tages entscheidend, will man nicht hinterherlaufen und fremdbestimmt arbeiten.

In der Eigenanalyse hilft es folglich, zunächst einmal aufzustellen, wie der Tag und die Woche im Kalender inhaltlich verplant sind und die Aufgaben auf die drei besagten Ebenen aufzuteilen.

Grundsatz: Start und Ende eines Tages

2

2.1 Frühes Aufstehen und Sport: Gesundheit führt zu besserer Arbeit

Jeder Mensch ist natürlicherweise unterschiedlich ausgestattet. Es gibt Menschen, die stehen lieber später auf und arbeiten bis in die Nacht und andere, denen es mehr liegt, früh aufzustehen. Frühaufsteher sind allerdings deutlich leistungsfähiger und erfolgreicher [1] und sollen zu 27 % weniger an Depressionen erkranken [2]. Bei Highschool-Studenten zeigte es sich besonders deutlich [3]. Früh- oder Spätaufsteher zu sein, ist jedoch nur zu 20 % geprägt [4]. Das bedeutet, dass bei den meisten Menschen das frühe Aufstehen trainiert werden kann [5]. Die Autoren dieses Buches haben sich für das frühe Aufstehen trainiert und praktizieren das seit 5 bzw. 12 Jahren. Warum ist das so? Man kann mit der Antwort beginnen, warum ein Urlaub in Asien oder Amerika beruflich besser ist als in Süd-Europa. Wenn man beispielsweise in Thailand im Urlaub ist und Unternehmer ist, kann man sicher sein, dass es keine Urlaubsabwesenheitsnotizen für E-Mail-Schreiber gibt. Messenger sind nicht offline und das Telefon klingelt ebenfalls weiterhin. Das ist schlichtweg die Realität. Im Urlaub in Südost-Asien hat die Führungskraft zumindest einen halben sicheren Tag (Vormittag bis Mittag) frei, sofern ihr Stammsitz in Europa liegt. Denn in dieser Zeit schläft Europa noch. Es bedeutet außerdem einen Selbstschutz vor eigener stürmischer Aktivität. Gleiches gilt für das frühe Aufstehen. Um 04:00 Uhr aufzustehen bedeutet, dass man gut 4 Std. Zeit und Schutz vor operativem Geschäft hat. Die Tagesplanung kann also ungestört beginnen. Niemand beantwortet eine E-Mail, ruft an oder will etwas haben oder wissen. Umgekehrt sorgt man um diese Uhrzeit dafür, dass alle anderen zum Tagesstart mit konkreten Aufgaben betraut sind, was einen zweiten Effekt

© Der/die Autor(en), exklusiv lizenziert an Springer Fachmedien Wiesbaden GmbH, ein Teil von Springer Nature 2022
Q. Graf Adelmann v. A. und F. Löhlein, *Effizienz- und Leistungserhöhung durch Tagesstrukturierung*, essentials,
https://doi.org/10.1007/978-3-658-38701-3_2

hat: man kann sich zwischen 08:00 Uhr und 11:00 Uhr nahezu ungestört mit wichtigem operativen Geschäft beschäftigen.

Das frühe Aufstehen ist folglich ein wesentlicher Bestandteil der gefühlten und wirklichen Gestaltungsfreiheit einer Führungskraft, dargestellt am Beispiel der Erfolgsuhr Abb. 2.1. Rechtsanwälte und Steuerberater beispielsweise leiden unter besonderem Termindruck. Jene Berufsgruppen sind besonders belastet von Einwirkungen von außen und allen möglichen Seiten. Rechtsanwälte setzen sich Ablauffristen und fangen dann kurz vorher an zu schreiben. Mit Fertigstellungstermindruck zu schreiben, bedeutet meistens und zwangsläufig die Herabsetzung der Kreativität und damit auch der Qualität. Das einfache Rezept für gebeutelte Rechtsanwälte wäre, um 04:00 Uhr morgens aufzustehen, Kaffee zu trinken und das über Nacht Verarbeitete niederzuschreiben. Niemand wird in den ersten 3–4 Std. des Tages an Ablauffristen erinnern, kein „lästiger" Mandant wird anrufen und etwas wollen. Dieser Tagesanfang, weit weg des sozialen Lebens der Menschheit sozusagen, ist Garant für die Kontrolle der eigenen Inhalte, die Steuerung der Kreativität, des operativen Vorsprungs. Damit erfolgt die Erhöhung der eigenen Belastungsgrenze bzw. der eigenen Produktivität. Also: Fehlentscheidungen eines Unternehmers haben ihren Ursprung meist weit vor der Entscheidung selbst. Nämlich dann, wenn man unter großem operativen Arbeitsdruck eingeengt arbeitet und nicht mehr aus einer Distanz immer wieder die Alternativen einer Entscheidung zu Produkt, Finanzen, Wettbewerb, Zeitablauf übersichtlich betrachtet und dann entscheidet. Für Entscheidungen braucht es absolut freie Zeit und einen aufgeräumten Kopf. Die tägliche freie Zeit ist hierbei extrem wichtig, weshalb jeder Tag mit einem Vierteltag ganz allein beginnen sollte.

Das häufig verwendete Gegenargument des frühen Aufstehens ist das des späten Arbeitens. Es wird behauptet, dass die 3–4 Std. freie Denkzeit auch zwischen 22:00 Uhr und 02:00 Uhr erreicht werden könne. Das ist aber ein Irrglaube. Im Gegensatz zum frühen Aufstehen belastet der vorgeschaltete Arbeitstag. Man arbeitet also in Gedanken an gerade abgelaufene operative Zeit bzw. Erlebnissen und Ereignissen dieser Zeit. Zudem läuft man Inhalten hinterher. Man startet also nie Punkt 22:00 Uhr, sondern beendet im Gegensatz zu einem Tagesstart um 04:00 Uhr morgens zunächst den Tisch bzw. die entsprechenden Daten in Clouds. Realistisch betrachtet werden Führungskräfte nicht selten noch zum Essen eingeladen oder zu Veranstaltungen. Der Druck, der durch die eigene Disziplin, solche Veranstaltungen frühzeitig zu verlassen oder beispielsweise auf Alkohol zu verzichten, erfahren wird, schränkt die inhaltliche Flexibilität von außen ein. Zudem muss sichergestellt sein, dass man ausgeschlafen ist für den nächsten Tag, der natürlich als Vorbild für alle spätestens um 08:30 Uhr beginnt. Deshalb ist die

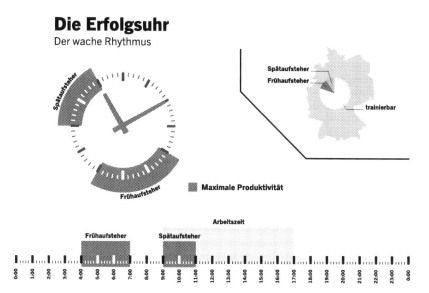

Abb. 2.1 Die Erfolgsuhr, Quirin Graf Adelmann

Verlegung des Zeitfensters von der frühen Uhrzeit hin zur späten Uhrzeit ein Fehler und nur dann effizienter, wenn man zu den 20 % der Menschen gehört, denen frühes Aufstehen gegen die eigene Natur ist.

Ein weiteres Element der geistigen Fitness ist, auch körperlich fit zu sein. Dass Sport gesund ist, muss hier nicht weiter erläutert werden. Sport ist aber nicht gleich Sport. Jeder Mensch ist unterschiedlich ausgestattet oder (auch altersbedingt) unterschiedlich konstituiert. Es nutzt auch nichts, wenn man sich jeden Tag mit Sport quält, um am Ende des Lebens vielleicht 2 Jahre länger zu leben. Das wäre so, als würde man Essen nur noch nach Nährstoffbedarf auswählen und keinerlei Freude mehr empfinden. Auch Unternehmer dürfen Qualität und Freude fühlen. Deshalb ist es erforderlich, einen Sport auszusuchen, der auch Freude bereitet – mindestens aber einen Zweck erfüllt. Mit Zweck ist ein Sport gemeint, der schlanker macht, Rückenmuskulatur trainiert oder schlichtweg Koordination verbessert. Eine Treppe aufzusteigen, ohne Atemnot zu verspüren oder von einem Stuhl aufzustehen, ohne seine Hände zu nutzen, birgt allein vom Bild nach Außen einige Vorteile.

Auch beim Sport geht es darum, diesen regelmäßig zu tun. Die Erfahrung zeigt, dass es besser ist, Sport ebenfalls am frühen Morgen zu erledigen. Am

Nachmittag und Abend gibt es immer wieder kollidierende Termine. Am effizientesten ist der Sport, wenn er 20 bis 60 min andauert und direkt vor der eigenen Haustüre beginnt, ohne dass man in ein Studio fahren muss, auf den Wart eines Schwimmbads wartet oder abhängig von einem Trainer ist. Die Autoren laufen 6× pro Woche um 05:00 Uhr morgens, was auch durch einen angeschafften Hund eingefordert wird. Oftmals werden Führungskräfte eingeladen mitzulaufen. So verbinden sich Lauf, Sozialisierung und Inhaltsgespräche zur Abstimmung. Das funktioniert in einer Großstadt ungleich besser. Der Lauf dauert gut 40 min (8 km) und wird durch Krafttraining auf Parkbänken oder Sportaufbauten ergänzt. So schlägt man auch hier mehrere Fliegen mit einer Klappe. Wer selbst regelmäßig läuft, kennt das tolle Gefühl, Sport zum Tagesbeginn bereits erledigt zu haben und schätzt zusätzlich, wie konzentriert man über den Tag und deren Inhalte nachdenken kann. Ausdauersport wie hier beschrieben, ermöglicht im Gegensatz zum PT (Personal Training) freien Kopf und Zeit für sich selbst.

2.2   Kommunikationsanalyse

Anhand der nachfolgenden Kommunikationsanalyse des Hauptautors kann man gut erkennen, weshalb die Tagesorganisation derart essenziell ist, um ein Gesamtkonstrukt zum einen im Griff zu haben, zum anderen aber auch um zu überprüfen, ob die eigene Struktur hinsichtlich Kommunikationspartner und Intensität richtig sind.

Bei der Anzahl der E-Mails ist zu beachten, dass hier ein Beispiel aus 2019 genommen wurde, welches ein intensives, aber normales Geschäftsjahr war und seit gut 12 Jahren ähnlich vorzufinden ist. Weiterhin zu berücksichtigen ist, dass der Autor nicht mit Software innerhalb der Team-Kommunikation arbeitet (die jeweiligen Unternehmerteams wiederum bisweilen schon). Auch verwendet er zwar privat einen Messenger zur Kommunikation – allerdings nicht beruflich. Im Ergebnis ist es jedoch praktisch derselbe Aufwand, ob E-Mails, Messenger oder Software verwendet werden. Lediglich Transparenz, Nachverfolgbarkeit und Dokumentenkontrolle unterscheiden sich hier erheblich voneinander (dazu später mehr). Im Beispiel Abb. 2.2 sind alle E-Mail-Accounts zusammengefasst, ohne „cc" mitzuzählen und lediglich die Wochentage dargestellt. Saisonal gibt es natürlich noch Schwankungen. In der zweiten Dezember-Hälfte erfolgt sehr wenig berufliche Kommunikation. Im Detail betrachtet sind auch die Branchen völlig unterschiedlich. So ist die Kommunikation im Immobilienbereich zwischen Dezember und Mitte Januar ebenfalls tot. Banken finanzieren hier dann

Kommunikationsspiegel

Eingangs-Emails 2019 Montag - Freitag

Sender	7:00 - 9:00	9:00 - 11:00	11:00 - 13:00	13:00 - 15:00	15:00 - 17:00	17:00 - 19:00	19:00 - end	Gesamt
Team	172	584	817	868	733	304	499	3.977
Führung/Partner	468	377	544	1.095	1.004	954	787	5.229
Kunde	3	33	96	114	223	141	72	682
Dienstleister	108	212	632	704	702	385	193	2.936
Anwalt/Steuerberater	7	209	119	217	372	300	368	1.592
Vertragspartner	311	381	613	816	731	576	217	3.645
Potentielle Vertragspartner	157	470	231	435	166	255	396	2.110
Fremde	0	0	1	0	37	12	36	86
Privat	57	94	24	56	121	23	47	422
Summe								**20.679**

20.679 Emails / 251 Arbeitstage (2019 in Berlin) = 82 Emails/Tag

Abb. 2.2 Kommunikationsspiegel, Quirin Graf Adelmann

nicht mehr und beginnen auch keine Prüfung mehr. Dafür steigt die Kommunikation mit Steuerberatern. Bei Start-ups ist die Tageszeit eine andere als in klassischen Branchen. An Samstagen erfolgen in diesem Fall praktisch keine relevanten E-Mails (Ruhetag) und an Sonntagen nur vereinzelt. Es sind nur die Eingangs-E-Mails aufgeführt. Jede Eingangs-E-Mail führt zu einer Antwort-E-Mail, sodass nicht nur ein Lesen erforderlich ist, sondern auch eine überlegte Antwort.

E-Mails ersetzen auch nicht die persönliche Kommunikation via Telefon oder bei Treffen (ab 2020 auch in Video-Konferenzen). Wesentlich bei der Kommunikation mit anderen ist, deren Rhythmen zu verstehen. Die Kunst ist, die Perspektive der anderen einzunehmen. Einfach festzustellen und zu steuern ist die Kommunikation mit dem eigenen Team. Diese macht ein Fünftel aller E-Mails aus. Wenn man dazu noch die Kommunikation mit Führungskräften und Mit-Gesellschaftern zusammennimmt, machen die E-Mails fast die Hälfte aller E-Mails aus. Es handelt sich folglich insgesamt um die Grundstrukturierung der eigenen Unternehmenssteuerung.

Wenn man selbst also um 04:00 Uhr oder 05.00 Uhr aufsteht, kann man im Vorgriff und Wissen darauf, wann die eigenen Mitarbeiter, Partner und

Kommunikationsspiegel
Eingangs-Emails 2019 Montag - Freitag

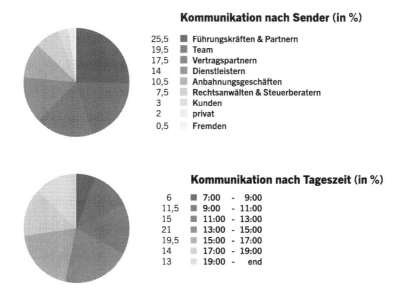

Kommunikation nach Sender (in %)

25,5	Führungskräften & Partnern
19,5	Team
17,5	Vertragspartnern
14	Dienstleistern
10,5	Anbahnungsgeschäften
7,5	Rechtsanwälten & Steuerberatern
3	Kunden
2	privat
0,5	Fremden

Kommunikation nach Tageszeit (in %)

6	7:00	- 9:00
11,5	9:00	- 11:00
15	11:00	- 13:00
21	13:00	- 15:00
19,5	15:00	- 17:00
14	17:00	- 19:00
13	19:00	- end

Abb. 2.2 (Fortsetzung)

die übrigen Kommunikationspartner arbeiten, außerhalb der operativen Kommunikationsschlachten das oder die Unternehmen steuern. 75 % der gesamten Kommunikation erfolgt nämlich zwischen 9 Uhr und 17 Uhr – also zu den klassischen Arbeitszeiten. Müsste man selbst in diesen Kernzeiten strategisches Denken einbauen und würde ständig durch E-Mails, Telefonate oder anderer Kommunikation gestört, hätte man nicht sein gesamtes Potenzial ausgeschöpft. Auf Dauer ist es deshalb überlebenswichtig, außerhalb der klassischen operativen Zeit unternehmerisch aktiv zu sein. Berechnet man zusätzlich noch Zeit für die Familie, Freunde, Gemeinnützigkeitseinsatz und Sport und will auch dort erfolgreich sein, ist die Schaffung einer freien Denkzeit wie ganz früh am Morgen der Lösungsansatz zu Erfolg.

In der Übersicht zur Kommunikation Abb. 2.2 sind 251 Tage gezählt. Weiterhin zu berücksichtigen ist, dass jede Führungskraft natürlich auch einen eigenen

Aufgabenbereich hat. In dem hier offen gelegten Beispiel ist es das Rechts- und Finanzwesen der Unternehmen. Deshalb ist die Anzahl der E-Mails an Rechtsanwälte und Steuerberater verhältnismäßig hoch. Jegliche Kommunikation von Rechtsanwälten nach außen geht nur über die Kontrolle des Autors – immerhin knapp 8 % des Gesamtvolumens und damit immerhin täglich gut 6 E-Mails. Das kann wiederum viel oder wenig sein. Wenn Schriftsätze zu gestalten sind, ist jede E-Mail mit einem hohen Zeiteinsatz verbunden. Umgekehrt muss man sich in diesem Beispiel in Perspektivwechsel ansehen, wann Rechtsanwälte E-Mails versenden. Keine E-Mails kommen am Morgen an. Dafür am späten Nachmittag. Wenn man die Arbeitsabläufe vieler Rechtsanwälte kennt, die erst mit Sekretariatspräsenz ins Büro kommen, dann selbst ständig befragt werden, am Vormittag zu Gericht müssen und Fristen zur Abgabe im letzten Moment zur Erfüllung eintragen und wiederum selbst seltenst verstehen, dass der Mandant nicht zwei Stunden vor Fristablauf verfügbar sein muss, dann wird klar, weshalb man selbst entsprechende Zeitfenster beibehalten muss.

Weiterhin sind in der Übersicht zur Kommunikation Abb. 2.2 folgende Aspekte zu betrachten: Zum einen ist mit gut 80 E-Mails pro Tag eine hohe Frequenz an Kommunikation verzeichnet. Der Kommunikationsanteil mit Kunden beispielsweise mag relativ niedrig sein (3 %). In der absoluten Betrachtung mit knapp 3 E-Mails pro Tag oder 2 Mails in der Zeit von 13 Uhr bis 17 Uhr mag das wiederum genug Konzentration erforderlich machen, da die Kommunikation hier immer auf den nächsten Schritt abgestimmt sein muss und ggf. weitere Informationen und Abarbeitung erforderlich machen.

Aus den Zahlen ist weiterhin zu erkennen, wie die Organisation einer Unternehmensgruppe aufgebaut ist. Liegt nämlich die direkte Kundenbetreuung und Kundenkommunikation beim Inhaber einer Unternehmung, ist das Unternehmen entweder ohne Zwischenebenen oder schlichtweg schlecht strukturiert – Aufgaben könnten beispielsweise nicht delegiert sein (siehe auch Abb. 10.2).

Den Kunden zu kennen, ist für die übrige strategische Planung allerdings wichtig. Deshalb ist auch der delegierte Kundenkontakt nicht als Barriere zu verstehen. Immer wieder zu wissen, wer der eigene Kunde ist und wer nicht als Kunde des Unternehmens gewonnen wird und warum, ermöglichen in der Führung, bessere Entscheidungen zu treffen (siehe auch: Quirin Graf Adelmann, Michael Rassinger, Der unternehmerische Entscheidungsprozess, Springer Gabler, 2021, S. 13, Punkt 3.1).

Gleiches gilt überdies auch für an Dienstleister übergebene Aufgaben. Es nutzt beispielsweise nichts, die Überwachung der Markenrechte beian einen Rechtsanwalt zu übergeben, ohne immer wieder zu kontrollieren, ob diese auch entsprechend durchgeführt wird. Denn ist ein Markenrecht oder Patent einmal abgelaufen, ist es weg. Da nutzt kein Regressanspruch mehr gegen den Anwalt. Also muss auch hier Zeit investiert werden, um zu kontrollieren. Systemisch könnte man beispielsweise zum Ende eines Jahres ein Reporting einführen, welches neben solchen Kontrollen auch Lizenzverträge, Verjährungsfristen, auslaufende Mietverträge, Optionsfristen, Kündigungsmöglichkeiten, Erfüllungsfristen usw. automatisch abruft.

Nun kommuniziert der Entscheidungsträger nicht nur schriftlich, sondern auch mündlich in An- und Abwesenheit eines Gesprächspartners. Bei letzterem ist immer noch das Telefon und der Telefonanruf das am häufigsten vorkommende Kommunikationsmittel. Nicht länger im Privatleben, dort ist es eher unhöflich direkt anzurufen, ehe nicht vorab via Messenger abgeklärt wurde, ob denn auch angerufen werden darf. Natürlich erfolgen Gespräche auch über Video-Telefonie, z. B. per Zoom, Google Meet oder Microsoft Teams. Diese Anrufe sind dann jedoch geplant und haben eher Meeting-Charakter, auf die im Folgenden eingegangen werden wird. Eingehende Anrufe sind dagegen häufig wie E-Mails unerwartete Kommunikation.

Jeder eingehende Anruf erfordert eine (idealerweise sofortige) Reaktion, und sei es nur die kurze und bestimmte Absage eines ungewünschten Services. Würde man dies nicht tun, erhöht sich die gebundene Zeit durch sich wiederholende Anrufe. Also lautet die erste Empfehlung, wann immer möglich, Anrufe sofort entgegenzunehmen und zu beantworten. Priorisierungs- und Abarbeitungsratschläge liefert das Kapitel „Beste Systeme als Unterstützungstools" Kap. 6. Bei der telefonischen Kommunikation mit eigenen Führungskräften und Mitarbeitern ist stets darauf zu achten, dass direkt und klar kommuniziert wird, um langwieriges Nachfragen und damit Zeit zu sparen. Umgekehrt lernen Mitarbeiter, nicht anzurufen, wenn es keinen wichtigen Grund gibt oder der Anruf nicht vorbereitet ist. Man muss immer berücksichtigen, dass Tage verplant sind. Man steht auch nicht auf der Straße und hält Verkaufsflyer hoch, um von jedem Passanten spontan angesprochen zu werden.

Erfolgreiche Entscheider sind für ihre Führungskräfte erreichbar. Abstimmungen und Entscheidungen am Rande oder über ihren Entscheidungsspielräumen erfolgen in kurzen Takten, je unerfahrener die Führungskraft ist. Damit verbunden empfiehlt es sich, die Wichtigkeit des Anrufs durch anfängliches Abfragen zu klären, um ggf. ein anderes Thema warten zu lassen. Dies geht z. B. direkt mit der Frage „dringend?". Etwas methodischer lässt sich die Frage der „Zeit für eine telefonische Abstimmung" mit einem vorab abgestimmten Ziffernsystem lösen, das Anrufer und Angerufene nutzen. Der Angerufene nennt gegenüber dem Anrufer eine Zahl von 1 bis 3 wie folgt: Nennt der Angerufene die „Eins", macht er dadurch deutlich, dass er in einem sehr wichtigen Termin ist und keine Zeit hat.

„Zwei" bedeutet, dass der Angerufene in einem wichtigen Termin ist, dennoch das Thema sehr knapp geschildert werden kann. „Drei" bedeutet, dass der Angerufene Zeit für den telefonischen Austausch hat. Es kann aber schlichtweg auch vereinbart werden, dass nur dringend unangekündigt angerufen wird. Wichtig ist lediglich, dass es klare Regeln gibt, die lange, ungeplante und störende Anrufe nicht auftreten lassen.

Mit ausgehenden Telefonaten sollten Entscheidungsträger im raschen direkten gegenseitigen Austausch eine Frage klären, Abstimmungen in bidirektionaler Kommunikation durchführen oder z. B. Informationen erhalten. Telefonate sind immer auch persönlicher und verbindlicher, wenn auch nicht genauso bindend wie geschriebenes Papier. Das persönliche Element macht sie auch besonders geeignet zur beruflichen Beziehungspflege, oder auch zur Anbahnung von Geschäften: Wer telefoniert, versteht nicht nur Wörter, sondern auch Ironie, Begeisterung, Wut, Erstaunen und Ratlosigkeit. Eine menschliche Stimme löst auch Konflikte leichter, da sie beruhigend ist und das Telefonat vom Leistungsträger auch so einzusetzen ist. Geschäftlich ist es ratsam, konventionell (kein Video), direkt am Ohr (nicht per Freisprechfunktion) und ohne Hintergrundgeräusche zu telefonieren.

Es macht oft auch einfach Sinn, zu telefonieren, anstatt das Thema in mehreren E-Mails oder Messenger-Nachrichten zu erklären. Klare Frage und klare Antwort am Telefon. Und natürlich gibt es auch Anrufe, um Kommunikation gerade nicht schriftlich festzuhalten.

Schaut man sich heute insbesondere die großen Konzerne an und die Art, wie Abteilungsleiter bzw. das C-Level Management heute führt, stellt man fest, dass wesentlicher Bestandteil wiederholende Meetings sind (online und offline). In diesen Meetings treffen sich viele Personen auch anderer Abteilungen, was man interdisziplinär nennt. Obwohl sich seit gut einem Jahrzehnt große Softwarefirmen begeisternd durch die großen Unternehmensberatungen (von SAP, Microsoft hin zu neuerdings z. B. workday) verkaufen, sinkt gleichwohl nicht die Zahl der Mitarbeitenden in den Konzernen. Im Gegenteil: händeringend wird nach Fachkräften gesucht. Nun könnte man meinen, dass Konzerne wie Audi oder BMW bei gleichbleibender Anzahl von verkauften Fahrzeugen und Marktanteil in den letzten 20 Jahren zumindest die Anzahl der notwendigen Mitarbeiter durch Digitalisierung verringert haben müssten. Die Deutsche Bahn hat in den letzten 25 Jahren gut 25 % ihres Schienennetzes reduziert [6] und dennoch die Anzahl an Mitarbeitern um gut 100.000 auf 323.000 erhöht und erklärt, weitere 100.000 Mitarbeitende einzustellen [7]. Womit ist das zu erklären, nachdem Digitalisierung die Arbeitsprozesse erleichtern soll bzw. Leistungen direkter machen? Sicherlich lässt sich einwenden, dass Outsourcing von Leistungen derzeit wieder reduziert wird oder neue Leistungsbereiche hinzu kommen.

Ein Grund für die große Anzahl von Unternehmen ist jedoch, dass in Konzernen ständig Meetings über Projekte stattfinden und Verantwortung Einzelner beschränkt und formalisiert wird. Es wurde zur Einführung des 9,00 €-Tickets in Deutschland bei der Deutschen Bahn im Mai 2022 beispielsweise mit Mitarbeitern der Bahn in großen Meetings die Frage diskutiert, ob Fahrgastrechte wegfallen, weil das Ticket ja nur noch 9,00 € kostet. Da das BGB allerdings nicht beim Preis unterscheidet, wenn es um Rechte geht, wäre diese Frage normalerweise überhaupt nicht diskussionswürdig – und schon gar nicht mit allen Abteilungen. Recht ist keine Frage der Diskussion, sondern ein einfacher Fakt. Deshalb ist bei Meetings unbedingt darauf zu achten, dass diese strukturiert sind und vorher klar ist, welche Themen wirklich und in großen zeitraubenden (Selbsthilfe-)Gruppen diskutiert werden müssen und mit wem.

Baut man beispielsweise Häuser mit Mietwohnungen, macht es Sinn, sich mit allen zu treffen, die am Bau beteiligt sind. Es wäre ein Fehler, sich nur mit dem Architekten zusammenzusetzen. Denn Bauunternehmen oder die spätere Betriebsleitung haben eine ganz andere Sichtweise zum Bau als ein Planer, und ohne Fachplaner wiederum lässt sich schwerlich ein Grundriss zeichnen, der dann ggf. aus technischen und rechtlichen Gründen wieder angepasst werden muss. Umgekehrt müssen nicht alle immer an allen Meetings teilnehmen. Wenn der Bauantrag eingereicht ist, bedarf es Sitzungen mit Ausführungsplanern und ggf. müssen immer wieder Teilnehmer zugeschaltet werden.

Die Regelmäßigkeit von eingerichteten Meetings sollte ebenfalls vermieden werden, wenn es dafür keinen Projektgrund gibt. Ein Fehler ist, sich beispielsweise an jedem Mittwoch um 10:00 Uhr ein Wiederholungsmeeting für das gesamte Team oder die Abteilung einzurichten, um über Finanzen zu sprechen. Die Folge ist nämlich, dass alle Teilnehmer Mittwochvormittag nicht mehr arbeitsfähig sind, wenn die Meetings dann aufgrund fehlenden Bedarfs kurzfristig abgesagt werden. Man blockiert mit Fixterminen die Flexibilität seiner eigenen Führungszeit. Umgekehrt ist es sinnvoll, sich an jedem Montag oder Freitag um 09:00 Uhr zum Büroauftakt mit allen zu treffen, wenn man z. B. eine Ausstellung plant. In sogenannten Stand-up-Meetings (aus der Scrum-Systematik Kap. 6), wird innerhalb von 30 min reihum erklärt, wo man steht. So ist jeder Einzelne einer Leistungs- und Fortschrittskontrolle unterzogen und wird im Wettbewerb motiviert. Gleichzeitig lassen sich so in kurzer Zeit ganze Ausstellungen konzipieren und umsetzen (so geschehen bei nineties.berlin zwischen Januar 2018 und August 2018). Es gibt wiederum sinnvolle Dauermeetings, die interdisziplinär stattfinden. So beispielsweise der Tumorboard in Krankenhäusern. Dort sprechen

Ärzte unterschiedlicher Disziplinen über schwierige Fälle, um in einer Gesamtsicht Lösungen einer Therapie zu diskutieren, zu entscheiden und letztlich auch davon zu lernen.

Es gibt also kein schwarz oder weiß. Letztlich sollten Meetings aber nicht auf Dauer angelegte Regelmeetings sein. Die Anwesenheit der Teilnehmer sollte notwendig sein und kann sich immer wieder erweitern oder verkleinern. Es müssen klare Ziele gegeben sein. Sonstige Meetings sollte man vermeiden.

Gleiches gilt auch für externe Meetings. Wenn es von vornherein klar ist, dass ein Meeting zu keinem inhaltlichen Ergebnis führt oder etwas zur Informations- und Perspektiverweiterung dient oder einem Netzwerk, dann sollte man Vorschläge der Zusammenkunft konsequent ablehnen.

Zu guter Letzt gibt es auch die Kunst, nichts zu tun. Es gibt Aufgaben, die im Moment der Erledigung keine Situationsverbesserung zur Folge haben und andere, die nicht alleinstehend erledigt werden können. Deshalb können auch Anfragen und Aufgaben mit Termin in den Kalender eingetragen werden und erst dann zur Bearbeitung anstehen. Damit verschwinden sie jedenfalls aus dem Kopf und belasten nicht das tägliche Tun.

2.3 Arbeitsatmosphäre als Erfolgsgarant: die Interaktion im Unternehmen

- In Unternehmen ist eine vorherrschende Hierarchiebasis/ein Organigramm zu finden sowie eingesetzte (Geschäfts-)Prozesse. Damit lassen sich komplexe Vorgänge managen. Nun gibt es die dritte Dimension: die Interaktion im Unternehmen, die vor allem sichtbar wird in der Art wie Menschen zusammenarbeiten bzw. miteinander in Verbindung treten. Hier wird mehr getan, als Prozess oder Organigramm als Aufgabe zu definieren. Dies ist die soziale Dimension, ein wesentlicher Teil, der die Arbeitsatmosphäre ausmacht.
- Jede Organisation hat eine soziale Dimension. Die Herausforderung besteht darin, dass die soziale Dimension weder in der Organisationshierarchie noch in den Prozessabläufen genau wiedergegeben wird. (Managing People: All Organizations Are Social, But Few Are Social Organizations by Anthony J. Bradley and Mark P. McDonald October 03, 2011).
- Führung zu übernehmen und Vorbild zu sein ist das, was Menschen brauchen. Klare und verlässliche Kommunikation und Linie. Ausgenommen in den kurzen Phasen, in denen man sich prioritär auf nur ein Thema konzentrieren muss (siehe unten), ist es wichtig, durch klare Präsenz und Linie für eine gute Atmosphäre zu sorgen

- Unternehmen sind soziale Strukturen und deshalb ist ein Arbeiten ohne Pause für eine längere Zeit negativ. Es gibt zahlreiche Studien über die Folgen eines Dauerstresses oder die Konzentration auf nur ein Thema in Unternehmen. Beginnend mit steigender Aggression innerhalb des Teams bis hin zum vollständigen Vertrauensverlust. Nicht umsonst liegt beispielsweise die Fluktuationsrate des Personals in Start-ups bei 50 % pro Jahr.

Ein soziales Unternehmen mobilisiert also jeden, vom Mitarbeiter bis zum Kunden, Lieferanten und auch andere. Ungeachtet von Position oder Hierarchie werden Interessen, Wissen, Erfahrung und Leidenschaft eingebracht. Eine gemeinsame Interaktion wird dann die neue Grundlage für das Meistern von geschäftlichen Herausforderungen, Vorteilen im Wettbewerb, agiles Denken und zukünftigen Erfolg.

2.4 Kein Tagesende ohne Erledigung: Fokustraining

Ein weiterer wichtiger Punkt zur Komplettierung der eigenen Inhaltsherrschaft ist, nicht schlafen zu gehen, bevor nicht der kommende Tag vorbereitet ist. Viele schieben beispielsweise E-Mails in Posteingangsfächer oder legen sich Aufgaben in einem der vielen Software-Tools ab, um die Inhalte später und nach Themen oder Ansprechpartner zu erledigen. Das Problem dieser Arbeitsweise ist aber offensichtlich. Es werden täglich gut 335 Mrd. E-Mails weltweit versendet [1], [7]. Das ist eine riesige Anzahl, geht man davon aus, dass 87 % der Menschen E-Mails verwenden aber inzwischen auch alternative Nachrichtenübermittlungsmöglichkeiten wie WhatsApp oder SMS bestehen. Klar ist, dass sehr viele der E-Mails inhaltliche Leichtgewichte sind, d. h. es nur um Terminbestimmung geht oder man in „CC" gesetzt ist. Der Hauptautor dieses Buches erhält zwischen 85 und 110 E-Mails pro Tag, was auch daran liegt, dass er kein WhatsApp nutzt. Durchschnittlich soll ein normaler Mitarbeiter 26 E-Mails pro Tag [10], [11] erhalten. Die Anzahl der Mails hängt auch davon ab, wie alt die Nutzer sind [8], [9]. Es gibt eben auch Abstimmungsmöglichkeiten außerhalb von E-Mails.

Die Kernfrage zur Produktivität allerdings bleibt dieselbe: ist es besser, E-Mails sofort zu beantworten oder zunächst zu kategorisieren und dann zu beantworten? Als Führungskraft mit mehreren Unternehmen ist es noch komplexer. Denn neben den Mail-Accounts nutzen sicherlich auch unterschiedliche Unternehmen mehrere Kommunikations-Tools. Nicht jedes Kommunikationstool ermöglicht überdies die Suchfunktion. Man weiß so gar nicht, welche Inhalte man mit einem Ansprechpartner ausgetauscht hat und findet die Historie entsprechend schlecht und aufwendig wieder. Die erste Regel ist also, selbst nur E-Mails zu versenden, deren Antwort man haben will. Unnötige Fragen oder das Mitlesen aller Mails schlichtweg unterlassen. Denn je mehr man Irrelevantes schreibt, desto mehr Antworten wird man bekommen und wiederum ablegen, sich merken oder beantworten müssen. Relevante E-Mails erlauben zudem eine eindeutige Antwort durch den Antwortenden und starten eben nicht einen E-Mail-Verlauf, der von zig Nachfragen geprägt ist. Die zweite wichtige Regel ist, sofort (innerhalb von 2 Std.) erledigbare E-Mails auch sofort zu beantworten. Dazu zählen Terminanfragen insbesondere. Die dritte Grundregel lautet, nicht mit unerledigten E-Mails schlafen zu gehen. Je weniger Denk- und Aufgabenlast in den folgenden Tag übernommen werden, desto geringer die Grundbelastung. Zudem wird die Führungskraft gezwungen, Entscheidungen zu treffen [12], was die Qualität der unternehmerischen Arbeit deutlich erhöht. Zu guter Letzt müssen E-Mails auch wieder gefunden werden. Das bedeutet auch, dass unnötige E-Mails mit unbedeutenden Inhalten bestenfalls gleich gelöscht werden.

Literatur

1. University of Colorado at Boulder. (2018, June 14). Early birds less prone to depression: Largest study yet links chronotype to mental health. *ScienceDaily*. Retrieved May 30, 2022 from www.sciencedaily.com/releases/2018/06/180614212658.htm
2. Mazhari, Fariba & Ravari, Ali & Jaberi, Ali & Heidari, Shahin & Shahabi, Maryam. (2014). Investigating the Relationship Between the Early Rising and Depression Studied on the Students in Rafsanjan University of Medical Sciences. https://doi.org/10.5812/quranmed.8848, abgerufen am 30.05.2022
3. Davidson A Ritchie K L (2016), The early bird catches the worm! The impact of chronotype and learning style on academic success in university students. https://journal.lib.uoguelph.ca/index.php/tli/article/view/3553, abgerufen am 30.05.2022
4. Hütten F (2016), Morgenmuffel? Die Gene sind schuld. https://www.sueddeutsche.de/gesundheit/schlafforschung-morgenmuffel-die-gene-sind-schuld-1.2849036, abgerufen am 30.05.2022
5. Albat D (2019), Neue Frühaufsteher-Gene entdeckt. https://www.wissenschaft.de/gesundheit-medizin/neue-fruehaufsteher-gene-entdeckt/, abgerufen am 30.05.2022
6. Allianz pro Schiene (2021), Das Schienennetz in Deutschland. https://www.allianz-pro-schiene.de/themen/infrastruktur/schienennetz/, abgerufen am 19.06.2022
7. Schumacher O (2018), Faktenblatt: Wie die Deutsche Bahn Unternehmen und Mitarbeiter fit für die neue Arbeitswelt macht. https://www.deutschebahn.com/resource/blob/3067806/21cb5e14b4c41f9bbfc6e57226dc60a8/Wie-die-DB-Unternehmen-und-Mitarbeiter-fit-fuer-die-neue-Arbeitswelt-macht-data.pdf, abgerufen am 19.06.2022

8. United Internet Media (2021), E-Mail Nutzung in der Young Generation. https://www.united-internet-media.de/fileadmin/uim/media/home/downloadcenter/studien/UIM_Studie_E-Mail-Nutzung_Young_Generation_Z_und_Y_2021.pdf, abgerufen am 27.05.2022

9. Rabe L (2021), Prognose zur Anzahl der täglich versendeten und empfangenen E-Mails weltweit von 2021 bis 2025. https://de.statista.com/statistik/daten/studie/252278/umfrage/prognose-zur-zahl-der-taeglich-versendeter-e-mails-weltweit/#professional, abgerufen am 27.05.2022

10. Paulsen L Britze N (2021), Durchschnittlich 26 berufliche E-Mails landen täglich im Postfach. https://www.bitkom.org/Presse/Presseinformation/Durchschnittlich-26-berufliche-E-Mails, abgerufen am 27.05.2022

11. Weck A (2021), Produktivität: So viele E-Mails erhalten die Deutschen jeden Tag – du auch? https://t3n.de/news/e-mails-deutsche-berufstaetige-jeden-tag-1373784/, abgerufen am 27.05.2022

12. Adelmann Q Rassinger M (2021), Der Hintergrund von Entscheidungen. https://www.springerprofessional.de/der-hintergrund-von-entscheidungen/19137154, abgerufen am 27.05.2022

„Hinter jedem erfolgreichen Mann steht eine starke Frau" ist eines der viel zitierten Zitate und gehört wohl in den Antiquitäten-Schrank noch zu verwendender Sprüche. Heute geht es nicht mehr um Mann oder Frau in der Position zur Führung eines Unternehmens, sondern um das Team. Um sich ein starkes Team aufzubauen und so überhaupt in die Rolle des oder der strategischen Denkers/Denkerin zu gelangen, müssen im Wesentlichen drei Punkte Abb. 3.1 beachtet werden:

1. Erstens sucht man sich immer Menschen, die fachlich besser sind als man selbst. Viele Führungskräfte insbesondere in Konzernen oder in politischen Parteien haben jedenfalls keine gleichaltrigen und gleichstarken Personen um sich herum, weil sie Wettbewerb scheuen.
2. Zweitens muss man dafür sorgen, dass die strategisch festgesetzte Linie auch immer auf der abstrakten Ebene eingehalten wird. Die klare Linie ist überhaupt essentiell, mit neuen Themen oder Änderungen auch allein umgehen zu können. Jede Handlung sortiert sich unter den Oberbegriff. Das muss allen Team-Mitgliedern klar sein.
3. Der dritte Punkt ist, dass jeder im Team stets die Organisation kennt. Es muss klar sein, wer wofür zuständig ist und man nur im Rahmen seiner eigenen Kompetenzfeldes handeln darf. Hierbei geht es nicht darum, Gremien zu schaffen oder ständige Abstimmungsprozesse, sondern im Gegenteil darum, dass beim Themenaufkommen im Rahmen der drei Punkte Kompetenz, Abstraktion und Organisation mit wenigen Personen in einem großen Umfeld selbstständig Entscheidungen getroffen werden können.

© Der/die Autor(en), exklusiv lizenziert an Springer Fachmedien Wiesbaden GmbH, ein Teil von Springer Nature 2022
Q. Graf Adelmann v. A. und F. Löhlein, *Effizienz- und Leistungserhöhung durch Tagesstrukturierung*, essentials,
https://doi.org/10.1007/978-3-658-38701-3_3

19

Abb. 3.1 Kommunikation   **Kommunikation im Umfeld**
im Umfeld, Quirin Graf   Inhaltsdreiklang
Adelmann

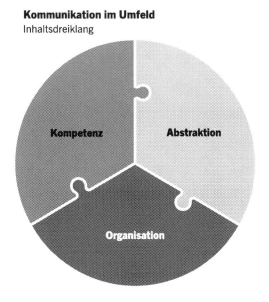

Beispiel 1

Ein Spirituosenhersteller will international expandieren. Nun stellt sich die Frage, ob man hierzu eine ausländische Zweckgesellschaft (SPV = special purpose vehicle) gründet und dort Vertriebsmitarbeiter einstellt oder ob dies über die deutsche Zentrale angegangen bzw. überhaupt angegangen wird. In diesem Fall ist bereits geklärt, dass der Wettbewerb analysiert ist. Nun ist die Philosophie im Stammhaus stets, dass keine eigenen Vertriebsmitarbeiter eingestellt werden. Die verantwortliche Führungskraft hat deshalb folgende Vorbereitung zu treffen. Sie muss vorab bereits Vertriebspartner im betroffenen Ausland suchen und zur Vertragsvorbereitung ein entsprechendes Konzept vorlegen. Die verbleibende Entscheidung wäre dann nur, ob eine Vertriebsgesellschaft im betroffenen Land gegründet werden soll oder nicht. Die Strukturen sind nur zu kopieren. Abstrakt ist die Strategie festgelegt.◄

Beispiel 2

Eine Autowaschstraße will bundesweit expandieren. Es werden laufend entsprechende Grundstücke angeboten. Wann darf die Führungskraft expandieren? Hier müssen schlichtweg Regeln bekannt sein: Größe des Grundstücks, maximaler Preis des Grundstücks (Baukosten der Anlage sind kommuniziert und bekannt) und die Anzahl der vorbeifahrenden Fahrzeuge pro Tag ist festgelegt. Außerdem muss die Finanzierungsquote bekannt sein; also das verfügbare oder einsatzbereite Eigenkapital zur Finanzierung. Wenn die Kernregeln kommuniziert und bekannt sind, dann können solche Entscheidungen zur Vorauswahl sofort getroffen werden. Als oberste Führungskraft hat man dann „nur" noch abzusegnen oder die Endverhandlung selbst vorzunehmen, wenn es strategischen Sinn macht oder man besser zum Verkäufer passt.◄

Beispiel 3

Eine freie Autowerkstatt bietet auch Autowäschen an. Diese Autowäschen sind sehr günstig und fast nicht mehr kostendeckend. Um auch hier bis zum Mitarbeiter, der die Autowäsche durchführt volle Kontrolle und Motivation zu haben, muss richtig kommuniziert werden. Abstrakt ist das einzige Ziel der Autowäschen, überhaupt Kunden zum Standort zu bekommen. Dann werden Kunden auf die GVO hingewiesen und die Autowerkstatt erhält das Vertrauen zur Durchführung von Wartungen und Reparaturen und zu guter Letzt auch Unfallinstandsetzungen, mit denen sie das eigentliche Geld verdient. Diese strategische Grundlage müssen alle im Team verstehen – auch um ihre eigene Arbeit als essentiell, und nicht als „umsonst" anzusehen.◄

Wichtig ist also die Kommunikation. Nicht jeder strategische Gedanke muss dabei allen im Team bekannt sein. Aber jede Entscheidung, die ein Dritter im Unternehmen sehen kann, muss das eigene Team auch verstehen. Das ist bei der Frage der Kundenauswahl oder der Zusammenarbeit mit Vertragspartnern ebenso wichtig, wie beim Pricing. Nur wenn es jeder im Team nachvollziehen kann, ist die Entscheidung im operativen Einzelfall durch jede Ebene allein möglich und man selbst ist dadurch in die Lage versetzt, nicht jedes Geschäft selbst mitmachen zu müssen, sondern nur noch zu kontrollieren (inkl. der strategischen Ausrichtung). Wenn man dann als Führungskraft zwar innen aber eigentlich von außen auf sein Unternehmen schaut, dann bleibt genau die Zeit des rationalen Denkens, um das Unternehmen immer wieder zu verbessern. Außerdem kann man plötzlich durch Kapazitätserhöhung auch weitere Unternehmen lenken und muss sich dann selbst zeitlich auf die Unternehmen prioritär kümmern, die in Krise sind oder das Potenzial der Skalierung haben.

Zeit des strategischen Denkens 4

Nun gilt es als wesentliche Fähigkeit eines Unternehmenslenkers, die Zukunft vorherzusagen. Mindestens aber sollte sich ein Entscheider immer wieder über die aktuellen Entwicklungen des Unternehmensumfeldes sowie der wirtschaftlichen Rahmenbedingungen informieren. Dafür braucht es den Praxisbezug – vor allem aber Zeit für sich. Zur Ruhe kommen ist folglich ein wesentlicher Baustein des Erfolges. Diese Ruhe gibt es durch Regeln auch außerhalb eines Urlaubs. Man muss sich die Zeit nehmen, zu denken, ohne, dass ein Telefon klingelt, eine App weckt oder E-Mails das Gefühl geben, sofort reagieren zu müssen. Es gibt lediglich drei Grundregeln dafür, diese Ruhe zu schaffen:

- Die erste ist, in der Mikro-Zeitplanung eben ganz früh aufzustehen. In den ersten Stunden des Tages schlafen alle anderen Menschen noch.
- Die zweite Regel ist, immer mindestens an einem Tag in der Woche nichts zu tun, was auch nur im Entferntesten mit beruflichen Dingen zu tun hat. Das kann der Samstag oder der Sonntag sein. Der Samstag hat den Vorteil, dass auch der nächste Arbeitstag weit weg ist und die geistige Pause direkt nach der Arbeitswoche folgt.
- Der dritte Baustein ist, dass man Urlaub in einer Weltregion macht, die mindestens 6–7 h von seinem Arbeitsort entfernt liegt.

Warum? Niemand weiß von oder nimmt Rücksicht auf Urlaub – weder Kunden noch Vertragspartner und seltenst Mitarbeiter oder eben auch man selbst. Wenn der Urlaub in Asien stattfindet, wacht man zwar mit einigen E-Mails beim ersten Kaffee auf und beantwortet diese, aber man wird bis zum frühen Nachmittag niemanden finden, der Anforderungen oder Fragen stellt. So ist sichergestellt, dass im Urlaub ein halber Tag Freizeit ist. In dieser Ruhezeit kommt jeder abseits des operativen Geschäfts zum Nachdenken.

© Der/die Autor(en), exklusiv lizenziert an Springer Fachmedien Wiesbaden 23
GmbH, ein Teil von Springer Nature 2022
Q. Graf Adelmann v. A. und F. Löhlein, *Effizienz- und Leistungserhöhung durch Tagesstrukturierung*, essentials,
https://doi.org/10.1007/978-3-658-38701-3_4

Natürlich könnte man alternativ auch alle Devices abstellen. Aber die innere Unruhe, wenn man Verantwortung hat oder Eigentümer ist, ist immer präsent. Anders, wenn man nur weit genug entfernt Urlaub macht.

Beste Systeme als Unterstützungstools: Ordnen, Priorisieren, Planen

Tools zur Projekt- und Arbeitsorganisation gibt schon seit es Arbeit gibt. In den 50ern hat man mit der Postkorb-Methode [1] eingehende Brief-Post nach Wichtigkeit und Dringlichkeit sortiert und dies dann entweder sofort persönlich erledigt bzw. delegiert oder terminiert Abb. 5.1.

Strukturelles und analytisches Herangehen an die Themen war hier der Königsweg. Und das ist er auch heute. Ganz gleich mit welchem Unterstützungssystem oder eben auch nur mit vier Ablagekörben wie vor 70 Jahren.

So wie mit der Digitalisierung die Anzahl von Tools Abb. 5.2 zur Arbeitsorganisation unüberschaubar wurde, sind auch deren Funktionalitäten so zahlreich geworden, dass es mehrere Tage bis Wochen in Anspruch nimmt, bis man sicher mit einem neuen Programm arbeiten kann. Auch sämtliche Möglichkeiten der Tools auszuschöpfen und ganze Unternehmen cross-funktional virtuell zusammenarbeiten zu lassen erfordert einen hohen Aufwandsaufwand. Unproduktiv wird es dann rasch, wenn man als Leistungsträger in 3–4 unterschiedliche elektronische Unterstützungssysteme eingebunden ist. Jedes System ist selbstverständlich ganz individuell zu bedienen und schickt im Minutentakt Benachrichtigungen auf allen Kanälen, um zu informieren, was ein Teammitglied beigetragen hat oder eine Aufgabenfrist zu erledigen ist. Die Marktführer dieser Branche beschäftigen mehrere zehntausend Mitarbeiter, machen mehrere Milliarden Jahresumsatz und sind auch an der Börse milliardenschwer bewertet. Und das kommt von den Gebühren. Die meisten Lösungen sind als Freemium Modelle in der kostenlosen Variante stark eingeschränkt und für Firmen sowieso nicht nutzbar. Nicht vorhanden oder zumindest nicht praktikabel nutzbar ist meist eine Exportfunktion für die eingegebenen Daten, sollte man jemals die Nutzung der Software beenden oder zu einem anderen Anbieter wechseln wollen. So ist man schnell an Software gebunden und den mit der Zeit steigenden Nutzungsgebühren ausgesetzt.

© Der/die Autor(en), exklusiv lizenziert an Springer Fachmedien Wiesbaden GmbH, ein Teil von Springer Nature 2022
Q. Graf Adelmann v. A. und F. Löhlein, *Effizienz- und Leistungserhöhung durch Tagesstrukturierung*, essentials,
https://doi.org/10.1007/978-3-658-38701-3_5

Die Postkorb-Methode

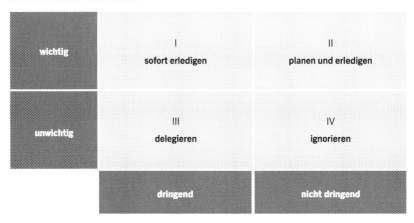

	I sofort erledigen	II planen und erledigen
wichtig		
unwichtig	III delegieren	IV ignorieren
	dringend	**nicht dringend**

Abb. 5.1 Die Postkorb-Methode, Frederiksen et al.

Projekt- und Arbeitsorganisation
Ausgewählte Tools von 1920 bis 2020

	Tool	Methode	Herkunft
1920-er	Gantt Diagramm	Balkendiagramm zur Veranschaulichung eines Projektzeitplanes. Moderne Gantt Diagramme zeigen zudem Abhängigkeiten der Aktivitäten und den Fertigstellungsstatus im Zeitverlauf	Forschung, Industrieproduktion
1950-er	Postkorb-Methode	Sortierung von Vorgängen nach wichtig und dringend und systematisches Ableiten von Handlungen je Kombination	Mitarbeiterauswahl-Tool der Air Force
1960-er	Wasserfall-diagramm	Lineare Sequenzen, wobei die nächste auf den Ergebnissen der vorherigen Stufe aufbaut (Vorgänger-Nachfolger-Prinzip)	Produktionsprozess, Bauindustrie
1990-er	Scrum	Produktbezogene Unterteilung von Projekten in klein getaktete Einheiten, bei denen die Beteiligte priorisieren, Schwierigkeiten der Aufgaben gemeinsam ermitteln und agil auf Veränderungen reagieren.	Produktentwicklung (Lean-Development) Agile Software-entwicklung

Abb. 5.2 Projekt- und Arbeitsorganisation: Ausgewählte Tools zur Projekt- und Arbeitsorganisation von 1950 bis 2022

Welche Systeme empfehlen sich also als Führungskraft? Folgende Strukturen und analytischen Herangehensweisen können immer auch von zusätzlichen Systemen ergänzt werden, jedoch sie nicht ersetzen.

5.1 Ordnen

Ein wesentlicher weiterer Grundstein eines (erfolgreichen) Leistungsträgers ist, dass er sich und seine Daten im Griff hat, also Ordnung hält. Und wie stellt man das an?

Ein sauber geführtes Archiv ermöglichte es in Papierform Vorgänge wiederzufinden. Was heute häufig immer noch, zumindest als Backup, der gut sortierte Papieraktenschrank mit einem ständig aktualisierten Register ist, ist digital die Ordner- und Unterordnerstruktur. Anfänglich gut überlegt, wird sie von Zeit zu Zeit angepasst. Arbeiten mehrere Personen in gleichen digitalen Ordnern, kommen noch Berechtigungen hinzu. Die Entschuldigung vieler, dass man ja seit Google nur noch nach Namen suchen muss, ist auch nicht die Problemlösung, da eine disziplinierte Dateien-Benennung mit einer durchdachten (Ordner)Logik Hand in Hand geht.

Best Practices

- Beispiel zur Dateibenennung: Ein Leistungsträger ist für drei Unternehmen und damit drei Mitarbeiterpools verantwortlich. Arbeitsverträge liegen im Ordner Personal und dort evtl. auch wieder im Unterordner Arbeitsverträge, zumindest aber hat jede Datei eine durchdachte Datei-Benennung: „ArbeitsvertragUnternehmen1NameVornameEinstiegsdatum" oder „ArbeitsvertragBlechzentrumMüllerKurt01052022"
- Wenn der Leistungsträger nun tatsächlich sucht, ist dieser strukturierte Dateiname allein schon ausreichend, um rasch fündig zu werden.
- Beispiel zur Ordnerstruktur: Ordner entlang den Bereichen des Unternehmens anlegen, Kooperationspartner und Verträge separat. Am besten ist, man schreibt also das Thema wie „Arbeitsvertrag" oder „Mietvertrag", dann den Namen der Gesellschaft, um die es geht und den Vertragspartner, Datum usw. So findet man auch in der Suchfunktion universell wieder, sollte man falsch abgelegt haben.◄

5.2   Priorisieren

Die bereits erwähnte Postkorbmethode sichert auch hier strukturelles und analytisches Herangehen: Am frühen Morgen oder nach bedeutenden Ereignissen wird priorisiert und auch repriorisiert, sofern erforderlich.

Priorisieren bedeutet zunächst, sich auf das Wichtige zu konzentrieren und alles andere nur dann anzufassen und zu bearbeiten, wenn es dafür Zeit gibt. In Manager-Kreisen wird immer wieder nach einer Definition hierzu gesucht, wobei der Tunnelblick hier in den Mittelpunkt rückt. Der Tunnelblick, also die Fokussierung auf nur ein einziges Thema in einer immer komplexeren Welt wird dabei häufig als negativ angesehen. Führungskräfte, die nicht mehr sehen, was um sie herum geschieht, werden qualitativ schlechter und verbrauchen sich selbst, so heißt es [2].

Auf der einfachen Ebene der Arbeit auf dem Tisch, schauen sich viele Menschen oft nicht an, welche Dinge Priorität haben, sondern was ihnen inhaltlich am besten liegt und Spaß macht. Bei Zeitdruck ist es aber eher wichtig, sich zuerst mit den Themen zu befassen, die das höchste Auftragsvolumen haben, die schnellste Zahlung oder Folgeaufträge bedeuten. Führungskräfte müssen also dafür sorgen, dass auch Mitarbeitern die Bedeutung und das Gewicht der einzelnen Aufgaben bewusst ist und diese priorisiert werden – und zwar immer.

Nun kommt es wohl darauf an, was man genau macht. Diversifikation und Diversität bergen ebenfalls ein sehr hohes Risiko des Scheiterns. Bei Starts-ups beispielsweise mit hohen Burn Rates (monatlich laufende Verluste durch laufende Kosten wie Personal, Miete, Marketing usw.) findet sich das exemplarisch: Denn bei Neugründungen von Unternehmen auf Gebieten der Innovation müssen Führungskräfte zunächst in der Lage sein, zu allem „ja" zu sagen, um ihr Produkt zu entwickeln und zu testen, das Team aufzubauen, Finanzierungswege zu probieren und unter ständigem Druck auch Risiken einzugehen. Dieses „ja" wird sich nach 2–3 Jahren jedoch verändern. Dann wird es darauf ankommen, auch „nein" sagen zu können und sich jeweils und ausschließlich auf ein aktuelles Thema wie Fundraising beispielsweise zu fokussieren und nichts anderes mehr zu machen. Es gibt also auch hier drei Ebenen.

Priorisierungsebenen

Beispiel Ebene 1: Der CTO eines Fintech-Unternehmens muss im Rahmen der Software-Lösung mit Produktentwicklung und Vertrieb immer wieder darüber diskutieren, welche Features zusätzlich Backend bauen und Frontend gestalten sollen. Das Wichtigste einer Software ist jedoch die einfache Architektur dahinter. Also muss ein guter CTO in der Lage sein, sich ausschließlich auf die Architektur zu konzentrieren, die für das Kernprodukt erforderlich ist. Zahlreiche Entwickler spielen jahrelang mit der Software. Bei Wechsel des CTOs stehen dann Software und Produkt schlecht da, da niemand eine komplizierte Architektur fortentwickeln kann. Hier muss die Führungskraft in der Lage sein, sich auf dieses eine Thema bis zur Fertigstellung zu konzentrieren.

Beispiel Ebene 2: Der CEO erkennt, dass eine Runway (Zeit bis zum Ende der zur Verfügung stehenden Gelder) nur noch 9 Monate ausreicht. Nun ist das Überlebenswichtige für das gesamte Unternehmen, genügend Geld zu haben, um das Unternehmen aufzubauen. Viele junge CEOs beginnen viel zu spät mit der Suche eines Finanzierers. Erfahrungsgemäß dauert diese aber vom Aufbau des Finanzplans, angepassten Business Plans und Pitch Decks schon viele Wochen. Dann müssen nach Kapitalgröße auch Investoren Zeit bekommen, sich mit dem Unternehmen zu beschäftigen. Zu guter Letzt darf man selbst nicht in Drucksituation eine Finanzierungsrunde beginnen. Also muss der CEO sich überwiegend und fast ausschließlich um die neue Finanzierungsrunde kümmern.

Beispiel Ebene 3: Auch der Investor kann nicht sein Geld erfolgreich quasi wahllos in Start-ups investieren. Es braucht Kontrolle der CEOs und CTOs, sonst wird ein Investment schnell ein Lottospiel.◄

Es gab einen sehr erfolgreichen Unternehmer, der das gut zusammengefasst hat: „Viele meinen, fokussieren bedeutet, „Ja" zu sagen zu den Dingen, auf die man sich konzentriert, Doch dem ist nicht so. Es bedeutet, „Nein" zu sagen zu hundert anderen guten Ideen, die es gibt. Ich bin genau so stolz auf die Dinge, die wir nicht gemacht haben, wie auf die Dinge, die wir gemacht haben." (Steve Jobs, Apple-Gründer).

Es ist also zusammengefasst notwendig, sich einen Tunnel zu bauen, um die eine Lösung im Gesamtbild zu erreichen und damit Priorität zu setzen. Gleichzeitig muss aber der zeitliche Aufwand von vornherein begrenzt sein, um sich in diesem Tunnelblick nicht zu verweilen und damit die Sicht auf das Gesamtbild zu versperren.

5.3 Planen

Beim Planen denkt der Leistungsträger an zwei unterschiedliche Bereiche: Termine und die Wirtschaftlichkeit in seinen Handlungen als Unternehmer.

- Für Termine war und ist das beste Tool in den Augen vieler Leistungsträger immer noch der (elektronische) Kalender. Er erlaubt das rasche Erfassen des Zeitablaufes.
- Bei den Handlungen als Unternehmer beschäftigt man sich mit Themen wie Investitionen, Produktangebote oder Produktionsverfahren bis hin zur operativen Liquidität. Dafür gibt es wieder unterschiedliche Arten von Wirtschaftlichkeitsberechnungen: Von der Investitionsrechnung bis zur Produkterfolgsrechnung oder Chargengrößenrechnung und natürlich einer Liquiditätsberechnung. Auch hier gibt es Tools zuhauf für jeden erdenklichen Fall. Und auch hier ist weniger häufiger mehr und wenige aufwendige (extern eingekaufte) unterstützende Systeme kombiniert mit einfacher eigener Lösung wie knappen (einseitigen) Tabellen ohne externen teuren Excel-Berater das Mittel der Wahl zur unternehmerischen Planung.

Nicht jedes Tool bzw. Software ist dabei ein Allheilmittel. So gibt es inzwischen zahlreiche Softwarelösungen, die jeweils nur für bestimmte Unternehmensgrößen geeignet sind. Es ist also zu prüfen, ob beispielsweise eine bekannte Software zur Eingabe und Ordnung der Personalorganisation überhaupt geeignet ist. Man muss immer bedenken, dass jede Software auch gefüttert werden muss. Sie muss ggf. von unterschiedlichen Personen steuerbar sein und bei Nachfolgeregelungen auch wiederum jeweils übergeben und zur Einarbeitung geeignet sein. Eine Urlaubsplanung kann also nach wie vor als Excel besser sein als in einer Software, die überdies Lizenzgebühren kostet. Wenn mehrere Personen in einem Datenraum arbeiten, bedarf es einer Kontrolle, um keine Doppel- und Dreifacharbeiten durchzuführen. Also: nicht alles ist pauschal digitalisiert besser mit Software. Wichtig ist zu prüfen, wie groß ein Unternehmen ist, wie einheitlich dessen Softwareauswahl und wie kompatibel zum System nebst Kostenkontrolle sind.

Für die eigene Struktur ist es deshalb erforderlich, insbesondere Fragen zur Effizienz auch in den nächsten Ebenen zu überwachen.

Praxisbeispiel

Die großen Unternehmensberatungen (inzwischen gibt es in Deutschland sagenhafte 25.000 Beratungsfirmen und 184.000 Berater) predigen derzeit, dass Digitalisierung die wichtigste Aufgabe von Führungskräften in diesem Jahrzehnt ist. Digitalisierung sei der Schlüssel zum Erfolg. Erfolg wiederum bemisst sich an Wachstum von Umsatz, Erhöhung der Gewinnmarge und Senkung der Fixkosten – beispielsweise durch Abbau von Mitarbeiter*Innen -.

Dazu organisieren die Beratungsgesellschaft nicht selten zahlreiche Veranstaltungen in Kooperation mit den Anbietern großer Software-Firmen, um ERP und CRM-Systeme zu verkaufen. Schaut man sich dann allerdings die Anzahl der Mitarbeiter bei der BMW AG oder der Audi AG der letzten 20 Jahre an und vergleicht diese mit Absatz, Marktanteil und Produktionsstätten, stellt man fest, dass jedenfalls Digitalisierung und Software zu keiner Verbesserung der Ertragslage geführt haben. Ein weiteres Beispiel ist die Deutsche Bahn. Obwohl sie ihr Schienennetz um gut 25 % reduziert hat und digitale Systeme eingeführt hat, ist die Anzahl der Mitarbeiter um 50 % gestiegen.◄

Digitalisierung bringt also nur dann etwas, wenn man die Mitarbeiter nicht schlichtweg mit Laptop und Software ausstattet, sondern auch dort darauf achtet, dass nicht mehr Tools zu mehr Arbeit führen und letztlich zu langsameren Prozessen. Wenn man als Manager will, dass die technischen Möglichkeiten zur Effizienz führen, muss man also konkrete Software-Lösungen und Abläufe schaffen und wiederum selbst regelmäßig Inhalte prüfen und Abläufe durchführen. Hakt es auf der nächsten Ebene, wird die eigene Effizienz wenige durchschlagende Vorteile für das Unternehmen bringen, sondern nur die eigene Zeit effizienter machen.

Literatur

1. Frederiksen N Saunders D R Wand B (1957), The in-basket test. Psychological Monographs: General and Applied, 71(9), 1–28. https://doi.org/10.1037/h0093706, abgerufen am 27.05.2022
2. Thorborg H (2018), Karriereplanung? Bloß nicht! https://www.manager-magazin.de/unternehmen/karriere/karriere-zu-viel-planung-fuehrt-zum-tunnelblick-a-1244064.html, abgerufen am 27.05.2022

Inhaltsziele und Kontrolle

Hat der Unternehmenslenker nun die Fähigkeit geübt, die Zukunft vorherzusagen und sich entsprechend Raum für strategisches Denken zu nehmen, gilt es nun Unternehmensziele abzuleiten. Diese sind flexibel und bedürfen der regelmäßigen Überarbeitung und Anpassung an aktuelle Entwicklungen.

Dabei ist die Form der Zieldefinition und deren Erfolgskontrolle entscheidend:

Im Gegensatz zum verbalen Austausch über Ziele steigert das schriftliche Formulieren die Erfolgschancen auf 76 %. Wer seine Ziele nur mündlich formulierte, erreichte diese nur zu 43 % [1]. Das schriftliche Formulieren zwingt also zu Präzision, manifestiert das Gedachte und visualisiert klar das Zielbild. Neben dem Ziel ist auch der Weg zur Zielerreichung mit konkreten Schritten festzuhalten. Der Austausch über den Fortschritt, der regelmäßig kontrolliert und transparent mit allen Beteiligten bewertet wird, schafft zusätzliche Verbindlichkeit.

Wie arbeitet ein Unternehmer nun effizient mit Zielen und wie kontrolliert er? Ein Blick auf funktionierende erfolgreiche Vorgehensweisen führt nicht vorbei an Peter Ducker:

Der US-Ökonom hatte bereits 1954 mit dem „Management by Objectives" [2] erstmalig definiert, wie man mit Zielen führt und kontrolliert. Danach wurde das Prinzip in den 1970er von Andy Grove bei der Sanierung des strauchelnden Chiphersteller, Intel prominent aufgegriffen. Ein Mitarbeiter von Grove etablierte sie dann bei google – wo 2013 verkündet wurde: „How Google sets goals: OKR".

Ziele erreichen sich eben nicht von allein und müssen deshalb zuallererst als qualitativer Zielzustand (Objective) formuliert, mit Verantwortlichkeiten versehen und allen Beteiligten bekannt sein. Danach werden die Schlüsselergebnisse (Key Results) definiert, die wiederum quantitativ sind und die Zielerreichung beurteilbar und damit kontrollierbar machen. Abb. 6.1 Was für strategische Unternehmensziele funktioniert, ist auch für operative Ziele anwendbar.

© Der/die Autor(en), exklusiv lizenziert an Springer Fachmedien Wiesbaden GmbH, ein Teil von Springer Nature 2022
Q. Graf Adelmann v. A. und F. Löhlein, *Effizienz- und Leistungserhöhung durch Tagesstrukturierung*, essentials,
https://doi.org/10.1007/978-3-658-38701-3_6

Dualismus von Objective und Key Result

Ziel (Objective)	Schlüsselergebnis (Key Result)
Qualitativ	Quantitativ
Strategisches oder operatives Ziel	Messbare Schlüsselergebnisse zur Beschreibung der Zielerreichung
• selbsterklärend • richtungsweisend und motivierend • klar und verständlich	• quantitativ messbar mit Zeitbezug • Erreichung beurteilbar (ja oder nein) • pro Ziel 2-5 Schlüsselergebnisse

Abb. 6.1 Dualismus von Objective und Key Result

Um Ziele umzusetzen, müssen sie deshalb zuallererst als qualitativer Ziel-zustand (Objective) formuliert, mit Verantwortlichkeiten versehen und allen Beteiligten bekannt sein. Danach werden die Schlüsselergebnisse (Key Results) definiert, die wiederum quantitativ sind und die Zielerreichung beurteilbar und damit kontrollierbar machen. Was für strategische Unternehmensziele funktio-niert, ist auch für operative Ziele anwendbar.

Praxisbeispiel

Ein Spirituosenhersteller betreibt einen Hofladen und möchte die Attraktivität des Angebots und Services (Touren) steigern. Er definiert sein Jahresziel:

Objective
Steigerung der Attraktivität der Angebote und Services für die Manufak-turbesucher sowie der Begeisterung bei Bestands- und Neukunden.

Key Results

- durchschnittlicher Verkaufsumsatz pro Besucher von brutto 15 EUR auf 22 EUR durch Upselling/Produktempfehlungen erhöht
- Aufenthaltsdauer der Besucher im Manufakladen durch die Aufwer-tung der Shop-Ausstattung und attraktiveren Warenpräsentation von 10 auf 15 min gesteigert
- Touren-Umsatz inkl. Verkauf im Anschluss pro Besucher von brutto 22 EUR auf 27 EUR durch attraktive Produktempfehlungen gesteigert

- Anzahl der Social Media-Bewertungen von 23 auf 250 gesteigert, die durchschnittliche Bewertung auf Social Media wie Google Maps von 3,8 auf 4,7 Sterne erhöht◄

Schließlich stellt sich die Frage nach der genauen Anwendung der OKR-Methode im Tagesablauf: je dynamischer das Umfeld, je kleiner ein Unternehmen, je ambitionierter und ungewisser Ziele und Schlüsselergebnisse sind, desto kürzer müssen die Planungs- und Kontrollzyklen ausfallen. Am Beginn eines Zyklus steht die Planung und OKR-Vereinbarung. Am Zyklusende wird das Erreichte bewertet (Review). Dabei werden Erfolgsfaktoren und blockierende Faktoren offensichtlich und der Leistungsträger lernt, was er beim nächsten Mal anpassen muss.

Literatur

1. Gardner, Sarah and Albee, Dave, "Study focuses on strategies for achieving goals, resolutions" (2015). Press Releases. 266. https://scholar.dominican.edu/news-releases/266, abgerufen am 30.05.2022
2. Drucker, P. (1954). *The practice of management*. New York: Harper & Row

Die eigene Effizienz überträgt sich auf die Mitarbeitenden und umgekehrt. Effizienz beginnt mit der richtigen Auswahl der Mitarbeiter*Innen und endet nicht etwa mit dem Abschluss eines Arbeitsvertrages und Ablauf der Probezeit. Vielmehr ist es wichtig, die eigenen Effizienzfähigkeiten grundsätzlich auch auf das Team zu übertragen und eigenes Wissen weiterzugeben. Potenziell sind schließlich alle Mitarbeitenden Führungsnachfolger. Angst oder „Risiko", durch den Wissenstransfer, potenzielle Wettbewerber anzuleiten, sollte eingegangen werden. Es macht die Welt besser und Netzwerke stärker. Grenzen und ausreichenden Schutz bieten hierzu die gesetzlichen Regeln zum Schutz geistigen Eigentums.

Mit Bestehen eines Studiums bekommt man keine fertigen Menschen. Die wenigsten Absolventen eines BWL-Studiums – und das ist erstaunlich – sind etwa in der Lage, Aufbau und Logik einer BWA (betriebswirtschaftliche Auswertung) zu lesen, geschweige denn einen Finanzplan selbst zu erstellen. Je schneller man sein eigenes Team inhaltlich fit macht und dann auf die strategische Ausrichtung trainiert, desto weniger hat man selbst immer wieder nachzuarbeiten und zu erklären. Stoßen ältere Mitarbeiter*Innen zum Team, muss man versuchen, diese in das System und die Struktur einzupassen – nicht übersehend, dass auch neue Inputs kommen können, die eigene Sichtweisen verändern können.

Ein wesentlicher Punkt ist, strukturelle und operative Arbeiten nicht von Einzelnen abhängig zu machen. Gleiches gilt für die Abhängigkeit von Software. (Beispiele: SalesForce, Slack).

Ein weiterer wichtiger Punkt zur effizienten Führung aber auch zur Schulung von Mitarbeitern, ist das Training von Präzision. Je schneller man das Team trainiert, präzise zu arbeiten, desto weniger operativ muss man selbst arbeiten.

© Der/die Autor(en), exklusiv lizenziert an Springer Fachmedien Wiesbaden GmbH, ein Teil von Springer Nature 2022
Q. Graf Adelmann v. A. und F. Löhlein, *Effizienz- und Leistungserhöhung durch Tagesstrukturierung*, essentials,
https://doi.org/10.1007/978-3-658-38701-3_7

Praxisbeispiel

In einem Hardware-Startup im Bereich Mobilität wurde ein Lastenrad entwickelt. Zu Beginn waren neben rechtlichen Fragen der Zulassung (bis wann ein mehrspuriges Fahrzeug noch als Fahrrad gilt) vor allem die Ermittlung des Kunden von Bedeutung. Die Frage war also, ob im Bereich Logistik bei der Überwindung der letzten Meile eher große Volumina oder Gewicht Bedeutung haben. Produktentwicklung und Vertrieb müssen Hand in Hand gehen und haben gleichzeitig den ständigen Zeitdruck, wirtschaftlich erfolgreich zu sein. Der für den Vertrieb verantwortliche kaufmännische Geschäftsführer behauptete in einer der Runden, dass die PIN AG vom Fahrzeug begeistert und wie die Deutsche Post in der Prüfung sei, das Fahrzeug auch zu hunderten herstellen zu lassen. In Fragebogen sollten die Fahrer einige Themen zum Fahrzeug bewerten.

Nun könnte man sich als Investor und Gesellschafter auf die Erfolgsmeldung des Geschäftsführers verlassen und sich wochen- oder monatelang berichten lassen, wie weit die Brief- und Paketzusteller mit ihren Überlegungen im Konzern sind. Oft unterschätzen die Menschen an der Spitze – unabhängig von Vertrauen, das man geben muss – die Eigeninteressen der Ebenen darunter. Ihre Interessen an kurzlebigen Erfolgsmeldungen, im Wettbewerb mit anderen Abteilungen oder einfach, weil sie selbst auf das Prinzip Hoffnung setzen. In diesem Beispiel muss man genau erfragen, welche Punkte tatsächlich begeistert haben und wenn man es nicht glaubt auch vor in dem Meeting den ausgefüllten Fragebogen an die Wand sichtbar für alle werfen. Das macht man aus Erfahrung. Denn in der Regel werden Mitarbeiter und Führungskräfte schnell lernen, präzise zu antworten, um sich nicht die Blöße zu geben, gelogen zu haben, inkompetent zu sein und sich auch nicht immer wieder fragen lassen zu müssen, sondern als verlässlich zu gelten. Umgekehrt ist es essentiell auch mit Misserfolgen umzugehen. Denn diese führen zu besserem Produkt, veränderter Vertriebsstrategie und ähnlichem.

In diesem Beispiel stellte sich heraus, dass das Volumen von seinerzeit 400 L nicht ausreichend war und dass das Fahrzeug als zu kraftlos bezeichnet wurde, als es beladen mit Fahrer und Fracht bergauf ging. Der Kunde kam also nie auf die Idee, das besagte Fahrzeug zu bestellen. Man hätte Monate verloren und wüsste immer noch nicht, wer der richtige Kunde sein würde. Im Ergebnis dieses Vorzeigens veränderte der betroffene Geschäftsführer fortan sein Reporting und das Fahrzeug wurde mit einem Volumen von 2000 L ausgestattet bei Anpassung des Designs und der Motorisierung bzw. der Software dazu. Es gibt auch ein Modell mit nur 250 L, das Auslieferer im Wettbewerb mit einfachen Rollern nutzen – mit entsprechend wettbewerbsfähigem Preis. Die Definition des Kunden konnte so schneller vorangebracht werden, was die monatlichen Entwicklungskosten erheblich gesenkt hat.◄

Es ist also wichtig beizubringen, dass im Team konkrete Fragen zu konkreten Antworten führen müssen. Präzision ist essenziell, um zielstrebiger arbeiten zu können.

Man mag es kaum glauben, aber Schlampigkeit ist sehr weit verbreitet. So ist es nicht selten, wenn man Aufgaben wie die Vermietung einer Fläche oder die Beantragung einer Baugenehmigung im Rahmen einer Projektentwicklung jedenfalls teilweise an Mitglieder im Team überträgt – sei es, um auszubilden. Oft stockt es dann. Wenn man dann zufrieden damit ist zu hören, dass man mit dem Bauamt in Prüfung sei, mit Mietern wie einer Amazon-Tochter gesprochen habe oder eine Marktanalyse in Arbeit sei usw., dann verliert man viel Zeit. Die Methode, diese Schlampigkeit abzustellen, ist jedoch sehr einfach, wenn man nur nachfragt, mit wem wann konkret gesprochen wurde (Namen nennen lassen), welche Funktion oder Position diese Person hat und bis wann welcher konkrete nächste Schritt vereinbart wurde. Das hört sich selbstverständlich und banal an. Sie werden sich wundern. Gut 75 % der Fragen werden keine Antwort bringen, bis man beibringt, konkret und präzise zu sein, was zur wesentlichen Steigerung der Ergebnisse führt, was wiederum die eigene Effizienz erheblich steigert.

Natürlich lässt sich das durch Software wiederum besser monitoren. Aber auch Software muss gefüttert werden. Ein Sales Funnel beispielsweise gibt ja nur Zahlen an. Was dahinter steht, ist nicht automatisch enthalten.

Analyse des eigenen Wertes 8

Zeit ist für jeden Menschen endlich. Zahlreiche philosophische Bücher beschäftigen sich mit Zeit als solcher, der Frage der Beschäftigung des Menschen und natürlich mit der Frage, was nach dem Leben ist oder überhaupt etwas nach dem Leben existiert. Letzteres ist eine überwiegend theologische Auseinandersetzung. Bei der Frage der Beschäftigung geht es überwiegend darum, geistig und körperlich nicht zu verkümmern. Außerdem gibt Beschäftigung Ablenkung vor Problemen, wie bereits Blaise Pascal (1623–1662) in seinen zusammengefassten Notizen („Les Pensées") darlegt. Die Theorie ist, dass auch, wenn die Existenz Gottes nicht bewiesen sei, es besser ist, darauf zu wetten, dass er existiert. Damit soll das Heil der Seele sichergestellt sein. Im Gegensatz dazu steht heute die Tendenz, möglichst auf die Work-Life Balance zu achten und sich genügend Freiräume zu verschaffen, die frei von Arbeit und Beruf sind. So soll Burnout vermieden werden.

In dieser Gemengelage zwischen Beschäftigungssoll als Seelenheil, dem Einsatz seiner eigenen Zeit in eigene und fremde Dienste sowie der Schutz vor geistiger Überlastung, lohnt es sich zu schauen, wofür man seine eigene Zeit einsetzt und welchen Wert man ihr beimisst. Wir müssen uns unter jedem Aspekt oben im Klaren darüber sein, wofür man das alles macht (einfach ausgedrückt), in welcher Gesamtdauer man vorhat, seine Zeit einzusetzen, und ob es Alternativen zum eigenen Zeiteinsatz gibt.

Der Wert der eigenen Zeit ist also schon einmal unter den Aspekten der geistigen Selbsterhaltung, den möglichen Impact-Folgen auf das Team, das Unternehmen und den Kunden wiederum gesondert zu betrachten. Wie schätzen wir also den eigenen Leistungswert richtig ein?

Wir gehen in diesem Buch vor allem der rein wirtschaftlichen Frage des eigenen Wertes ein. Dazu sind im Wesentlichen fünf Ansätze wichtig:

Q. Graf Adelmann v. A. und F. Löhlein, *Effizienz- und Leistungserhöhung durch Tagesstrukturierung*, essentials, https://doi.org/10.1007/978-3-658-38701-3_8

Abb. 8.1 Bemessung des
Eigenwerts, Quirin Graf
Adelmann

Eigenwert
Bemessung des Einsatzwertes

- Einkaufpreis der Zeit (Marktwert)
- Kostenersparnis des Unternehmens
- Verkaufspreis der Zeit
- Kapazitätsbilanz der Zeit
- Qualitätsarbeit

(Siehe Abb. 8.1)

Als in der Bundesrepublik Deutschland noch die Wehrpflicht galt (1956–2011), konnten sich Führungskräfte aus Unternehmen von der Pflicht zur Ableistung des Grundwehrdienstes zurückstellen lassen. Die Zurückstellung war jedoch an enge Voraussetzungen gebunden wie beispielsweise eine bereits zu mehr als einem Drittel absolvierte Ausbildung oder die Unverzichtbarkeit des Wehrpflichtigen für das Unternehmen. Bei letztem stellte sich immer die Frage, ob man für die Dauer der Wehrpflicht, die in den Jahrzehnten zwischen 9 und 18 Monate andauerte, eine Vertretung finden würde, die das eigene Unternehmen führen könnte. Die Bundeswehr errechnete dann die Kosten des Ersatzes und zahlte die entsprechenden Ausfallgelder bzw. das Vertretungsgeld. Weniger in den Fokus rückte, ob die Vertretung überhaupt fachlich geeignet ist, etwaige Einarbeitungszeiten sowie die Frage, ob überhaupt jemand für eine begrenzte Zeit verfügbar wäre. In unserem Fall müsste man sich zur „Wert"ermittlung der eigenen Zeit allerdings tatsächlich prüfen, wieviel es kosten würde, jemanden einzustellen, der die eigenen Dienstpflichten übernimmt. Diese Frage muss man sich auch bei der Bewertung eines Unternehmens stellen. Denn zur Ermittlung des Unternehmenswertes schaut man sich immer an, wie hoch der Unternehmerlohn im Verhältnis zu Ausschüttungen ist. Wieviel kostet also marktüblich eine fremde Dritte Person, die die eigene Arbeit macht? Das ist die erste Kernfrage. Ist man beispielsweise Geschäftsführer eines Handwerksunternehmens mit 20 Mitarbeitern, dürfte in Berlin das Salär bei 7000 € brutto monatlich liegen. Das ist also der Basiswert der eigenen Zeit. Wenn man jenen Betrag einsetzen müsste, kann man so jede Stunde mit knapp 40 € berechnen und sich so auch aufgeteilt in jedem Fall überlegen, ob man eine Arbeit selbst erledigt oder ob es ggf. günstiger ist – auch partiell – einen Dienstleister oder eigenes Personal zu beschäftigen. Wenn man beispielsweise selbst IT-Probleme löst und das in der Mehrarbeit erledigt und diese 40 € ansetzt, dürfte der eigene Zeiteinsatz billiger sein, als einen Dienstleister zu beschäftigen. In der ersten Ebene haben wir also die eigene Zeit anhand des Marktwerkes hinsichtlich Ersatzes und Ersatz fremder Zusatzleistungen berechnet.

In der zweiten Ebene können wir prüfen, wieviel Geld uns ein anderes Unternehmen zahlen würde, würden wir für dieses arbeiten. Spannend ist unter diesem Aspekt ist der klassische Unternehmerlohn. Man berechnet also, welchen Ertrag ein Unternehmen für den Unternehmer selbst auswirft.

Praxisbeispiel

Die Inhaberin eines Berliner Cafés hat gut 60 Std. pro Woche in ihrem eigenen Café verbracht. Sie hat außerdem in den Abendstunden die Buchführung erledigt und neue Produkte wie Kuchen entwickelt. Sie hat sich selbst – um ihre Grundkosten zu sichern – ein Grundgehalt in Höhe von 1500 € monatlich gezahlt. Damit ist ihr Stundensatz festgelegt (der jeweilige Mindestlohn gilt nur für sozialversicherungspflichtig Beschäftigte). Nun erwirtschaftet sie keinerlei operativen Überschuss mit dem Café; also liegt der Unternehmerlohn bei null. Wenn sie sich bei einem Hotel zu Mindestlohnbedingungen einstellen lassen würde, bekäme sie 2114 € brutto (176Std/Monat/12 €/Std). Also arbeitet sie weit unter dem Fremdwert. Was viele in dieser Kalkulation übersehen, ist natürlich der Unternehmenswert selbst bzw. die Steigerung dieses Wertes. Wenn die Inhaberin mit dem Verkauf des Cafés 350.000 € erzielt und sie hierfür 5 Jahre ihrer Zeit investiert hat, dann kommen noch einmal 5833 € Bruttolohn hinzu (Verkaufspreis/60 Monate). Diesen theoretischen Wert müsste man gleichwohl vorher zuverlässig berechnen können, um den eigenen Zeitwert richtig einzuschätzen. Es ist also kein risikofrei planbarer Gewinn.◄

Wir haben also nun drei Aspekte berücksichtigt, um den eigenen Wert einigermaßen zu evaluieren. Hinzukommen dann noch zwei weitere Grundlagen. In der dritten Ebene sind die eigene Qualität sowie Kapazitätsmöglichkeiten einzuwerten. Ausbildung zu einem Beruf und Software zur Erledigung der Aufgaben erleichtern heute den Einsatz von neuem Personal. Wenn man ein Unternehmen führt und daran selbst beteiligt ist, arbeitet man auch zu Uhrzeiten, die ein angestellter Geschäftsführer nicht arbeiten würde. Die Identifikation mit dem eigenen Unternehmen bedeutet immer, die eigenen Zeitkapazitäten expansiver und intensiver einzusetzen. Auch als Fremdgeschäftsführer oder Führungskraft zweiter Ebene setzt man die eigene Kapazität wiederum anders ein als der normale Mitarbeiter. In jeder Position kommt es weiterhin darauf an, was mit entstehenden Leerzeiten geschieht. Viele Menschen sind nicht in der Lage, freie Zeiten mit Themen zu befüllen, die vorausplanend anstehende Aufgaben zur Erledigung vorbereiten. Damit eine objektivierbare Werteinschätzung möglich wird, sollten diese Aspekte also ebenfalls berechnet werden. Bei Handwerkern beispielsweise geht man heute von einer Effizienz von nur 70 % aus. 30 % theoretisch verfügbare Zeiten bleiben ungenutzt und werden auch nicht weiterberechnet.

Zu guter Letzt kommt es zur Wertermittlung der eigenen Zeit darauf an, welche Qualität der Leistung und mit welchem Ergebnis erbracht wird. So kann es ein, dass man selbst mit 20 % der verfügbaren Zeit 100 % der Arbeit einer delegierten Person erledigt oder im Innenverhältnis deutlich besser sein Umfeld mitnimmt als ein fremder Dritter. Man denke hier an den Unterschied zwischen dem jungen (18–22) und dem älteren (27–32) Fußballer. Der ältere hat kürzere Laufwege und spielt aufgrund seiner Erfahrung grundsätzlich effizienter, als er als junger Fußballer war.

Praxisbeispiel

Der Gastronom einer In-Gastronomie zieht durch seine eigene Persönlichkeit und sein Netzwerk hunderte Gäste an, von denen 80 % Stammkunden sind. Außerdem kann er die Mitarbeiter motivieren, freundlicher zu Gästen zu sein, die Köche, auch nach 3 Jahren täglich die Bestleistungen abzurufen usw.. Eigentlich ist es wie bei einem Fußballtrainer. Nicht jeder mit einem Fußballlehrer-Schein, kann nicht jedes Team gleich erfolgreich machen. Zur

Wertermittlung ist deshalb erforderlich, auch die Aspekte des qualitativen Zeiteinsatzes zu bewerten.◄

Der eigene Wert bemisst sich folglich nur hälftig mit mathematischer Formel und bedarf zur Bewertung des Restwertes einer Objektivierung. Hierfür wiederum können zahlreiche Kennzahlen geprüft werden:

- Umsatzzahlen der vergleichbaren Branche
- Einkaufskonditionen von Wettbewerbern
- Fluktuationsrate im Team im Vergleich zur Branche
- Konstanzwerte der eigenen Leistung
- Frequenzraten in der Kommunikation

Die Basisbewertung berechnet sich folglich als Stundenlohn im Abgleich mit vergleichbaren Gehältern plus Leistungsaufschlag.

Erreicht man weder Unternehmerlohn, Exit-Perspektive sowie die vorstehenden KPIs, muss man sich selbst fragen, ob es für sich und das Unternehmen von Vorteil ist, jemand fremdes zur Aufgabenerledigung einzusetzen und sich selbst mit anderen Dingen zu beschäftigen. Außerdem ist wichtig, nicht jede einzelne Aufgabe einem solchen Vergleich zu unterziehen, sondern Grundregeln aufzustellen, die es zu beachten gibt und Zeiträume zu bewerten, die hier infrage stehen.

Delegation des eigenen Tuns 9

Die wenigsten Leistungsträger sind erfolgreich als Einzelkämpfer. Es ist wie beim Sport: Die Frage ist nur, ob man der Kapitän einer Fußballmannschaft sein will oder ein Tennisspieler. In jedem Fall braucht aber auch der Tennisspieler Menschen um sich herum, die die Bühne bereiten, den Ball holen und für Pausengetränke sorgen. Über das Niveau entscheidet man selbst: Delegation eigener und unternehmerischer Aufgaben an Mitarbeiter im Team ist das zentrale Element eines erfolgreichen Unternehmers. Nur so kann die Flut vor allem an operativen Aufgaben bewältigt werden, vor allem dann, wenn mehrere Unternehmen im Fokus einer Führungskraft stehen. Gleichzeitig unterliegt die Delegation seit jeher den bekannten Herausforderungen, allen voran der Kontrolle und des Vertrauens: Die Principal Agent Theorie stammt aus den 1970ern [15]. Mit Delegation der Aufgabe versteht man das Abtreten von Aufgaben oder Rechten und Übertragung dieser auf andere Abb. 9.1. Man überträgt also ein Projekt auf eine andere Person und damit auch dessen Verantwortung (siehe auch: https://www. dwds.de/wb/delegieren).

Theodore Roosevelt, 26. Präsident der USA (1858–1919) formulierte es so: „Wer seiner Führungsaufgabe gerecht werden will, muss genug Vernunft besitzen, um die Aufgaben den richtigen Leuten zu übertragen, und genügend Selbstdisziplin, um ihnen nicht ins Handwerk zu pfuschen."

Zunächst einmal sollten sich Unternehmer und Führungskräfte davon abbringen zu meinen, dass die Erklärung und Kontrolle einer Aufgabe mehr Zeit einnehmen, als diese gleich selbst zu machen. Das kann zutreffend sein, allerdings ist die eigene Zeit absolut begrenzt und die Aufgaben müssen zu einem bestimmten Endpunkt erledigt werden. Zudem sind bestimmte Zuständigkeitsbereiche und Aufgaben wiederkehrend und beanspruchen so besonders intensiv die eigene Zeit. Insofern muss die Übergabe der Aufgabe nachhaltig gedacht sein. Es erfordert die Erläuterung der Aufgabe oder des Zuständigkeitsbereiches.

© Der/die Autor(en), exklusiv lizenziert an Springer Fachmedien Wiesbaden GmbH, ein Teil von Springer Nature 2022
Q. Graf Adelmann v. A. und F. Löhlein, *Effizienz- und Leistungserhöhung durch Tagesstrukturierung*, essentials,
https://doi.org/10.1007/978-3-658-38701-3_9

Delegationslinie
Von den Aufgaben zum Ziel
Sinn & Zweck
Wozu dient das Ergebnis?
Kunde
Für wen?
Endergebnis
Was soll erreicht werden?
Kriterien
Woran wird das Ergebnis gemessen?
Ziel

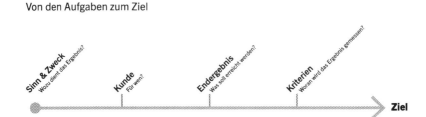

Abb. 9.1 Delegationslinie, Quirin Graf Adelmann

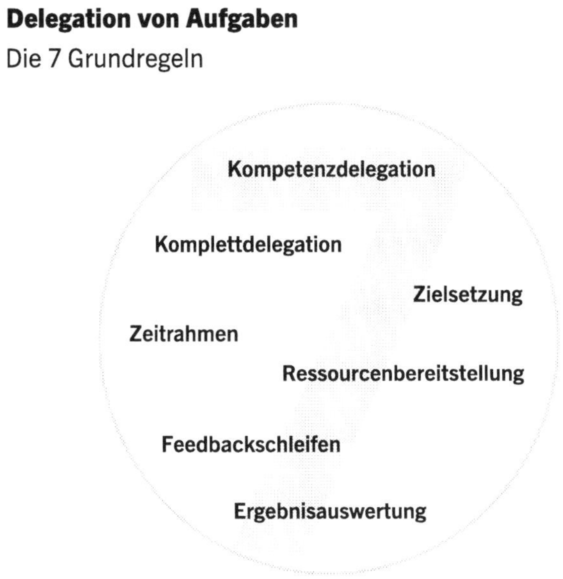

Delegation von Aufgaben
Die 7 Grundregeln
Kompetenzdelegation
Komplettdelegation
Zielsetzung
Zeitrahmen
Ressourcenbereitstellung
Feedbackschleifen
Ergebnisauswertung

Abb. 9.2 Delegation von Aufgaben, Quirin Graf Adelmann

Beachtet man die nachfolgenden Grundregeln und kommen die Aufgaben abstrakt und konkret wieder, benötigt es keine neue Null-Start-Erläuterung und ist deshalb nachhaltig zeitsparend. Führungskräfte haben deshalb zur Erhöhung ihrer Effizienz folgende 7 Grundprinzipien Abb. 9.2 zu beachten:

Kompetenzdelegation

Wichtig ist, in der Person des Aufgabenempfängers oder Projektübertrages jemanden zu wählen, der/die das wirklich kann und hierzu qualifiziert ist. Es ist auch ok, jemanden zu wählen, der/die das Potenzial zu Verantwortung hat und sich damit weiterentwickelt. Zu vermeiden ist, jemanden zu delegieren, die/der die geringste Arbeitsbelastung aufweist oder der/die am bequemsten erreichbar ist.

Komplettdelegation

Hier ist die Aufgabe exakt zu erläutern und vollständig zu übergeben. Zu vermeiden ist, nur Teilaufgaben zu übertragen, weil das weder zur eigenen Entlastung führt, noch zur Erledigung motiviert und entsprechend die Leistung steigert. Es sollte also ein komplettes Projekt übertragen werden.

Zielsetzung

Damit dem Mitarbeiter auch möglichst exakt erklärt wird, was das Ziel der Aufgabe ist, müssen Führungskräfte transparent genug sein, zum einen das strategische Ziel, als auch die Mittel zur Erledigung der Aufgabe und die Konsequenzen bei Erledigung offengelegt sein. Nur so bekommt man ein Ziel genau genug verstanden. Man sei daran erinnert, dass man selbst sehr viel weiß und kann nicht davon ausgehen, dass dieses Wissen beim Mitarbeiter bereits vorliegt oder die Interpretation von Ereignissen identisch ist. Deshalb Transparenz und Abfrage des Verständnisses walten lassen, um auf eine klare Zielsetzung zu kommen und am Ende nicht enttäuscht zu werden bzw. nur aufgrund unzureichender Inhaltskommunikation zu unerwünschten Ergebnissen zu gelangen.

Zeitrahmen

Der Mitarbeiter muss wissen, wann die Aufgabe erledigt oder das Projekt erfüllt sein muss. Ohne zeitliche Vorgaben wird die Messbarkeit unmöglich werden. Hier ist es auch erforderlich, bei der Kontrolle des Zeitplans konsequent zu sein.

Ressourcenbereitstellung

Der Mitarbeiter muss auch eine Chance haben, sozusagen gleichwertig wie man selbst, Aufgaben zu erfüllen. Dazu müssen die finanziellen, technischen und personellen Ressourcen im Zugriff des Mitarbeiters sein. Diese können abgesteckt sein, um sie zu limitieren. Jedenfalls nutzt es nichts, wenn vorher nicht klar ist, welche Möglichkeiten zur Aufgaben- oder Projekterfüllung vorliegen.

Feedbackschleifen

Ziel muss es sein, erstens den Mitarbeiter auch dauerhaft zu befähigen und zweitens für das Unternehmen auch zum Ziel zu kommen. Damit müssen je nach Erfahrung des Delegierten immer wieder Feedback-Gespräche erfolgen, damit man selbst weiß, wie der Projekt- oder Aufgabenstand ist und zum anderen auch korrigieren kann, falls erforderlich und damit unnötige Arbeiten vermeidet.

Ergebnisauswertung

Das Hauptproblem „alter" und gestandener Führungskräfte ist immer wieder, dass sie mitteilen wollen, wie der Mitarbeiter zum Ergebnis kommen soll, weil man selbst so zum Ergebnis kommt. Das mag aber nicht der einzige Weg zu einem Ergebnis sein. Hier muss man sich offenhalten und abwarten, wie der Mitarbeiter die Aufgabe selbst angeht und erledigt. Es ist wichtig, dass ein Mitarbeiter eigene Gestaltungsspielräume hat und über das „wie" ganz allein entscheiden kann. Es kommt lediglich darauf, dass das Ergebnis erzielt wird und außerdem darauf, dass der Mitarbeiter die Qualitätsstandards des Unternehmens erfüllt bzw. einhält.

Natürlich weichen die Inhalte immer ein wenig zwischen einzelnen Führungsstilen ab. Es gibt Menschen, die führen lieber durch Autorität, sind selbst eine solche oder haben selbst fachliche Kompetenz und schlichtweg eine entsprechend charismatische Ausstrahlung usw. Jede Führungskraft hat unterschiedliche Stärken und Schwächen. Die Ausprägung zu oben genannten Punkte kann deshalb inhaltlich etwas variieren und sollte der Führungskraft aber glaubwürdig durch linearen Fortbestand des eigenen Charakters nicht gekünstelt ausgestaltet sein.

Literatur

1. Jensen (1976), Theory of the Firm: Managerial Behavior, Agency Costs and Ownership Structure

Der Multi-Aktivist in Beruf und Familie 10

Beruf und Familie ließen sich jahrzehntelang sehr gut vereinbaren – zumindest in den Augen der Leistungsträger. So kann man immer seltener Verantwortungsträger während Kamingesprächen belauschen, die behaupten, dass sie sich bedeutend in das Familienleben mit all seinen Aufgaben und Pflichten eingebracht haben, da sie im Sommerurlaub 14 Tage am Stück für die Familie da waren. Aus dem Single-Bread-Winner wurde ein Double-Income. Nicht mehr nur der Vater ist Garant für das Familieneinkommen, es sind beide Erziehungsberechtigte, die karrieremachend gleichberechtigt ihren Beruf ausüben. 100 % Fokus auf den Beruf ist also auch bei völligem Desinteresse am Familienleben aufgrund des Drucks des Partners schon nicht möglich. Wahrscheinlich häufig zu beobachten ist der aktive Wunsch des Multi-Aktivisten neben seinem Beruf auch seine Familie erleben zu können, aber anders als während des 2-wöchigen Sommerurlaubs.

Die Lösung liegt darin zu erkennen, bzw. sich einzugestehen, dass beide Bereiche die „Babys" des Multi-Aktivisten sind: Das entspricht zwar nicht dem romantischen Familienideal, ist aber die einzige Herangehensweise, um die Realität zu verstehen und so zu organisieren, dass der Multi-Aktivist in beiden Bereichen leistungsfähig und erfolgreich bleibt:

Folgende Checkliste verdeutlicht entscheidende Themen. Im Folgenden bieten wir dazu auch Lösungsansätze.

© Der/die Autor(en), exklusiv lizenziert an Springer Fachmedien Wiesbaden GmbH, ein Teil von Springer Nature 2022
Q. Graf Adelmann v. A. und F. Löhlein, *Effizienz- und Leistungserhöhung durch Tagesstrukturierung*, essentials,
https://doi.org/10.1007/978-3-658-38701-3_10

Checkliste

- Lebensplanung und Unternehmerplanung existieren und sind aufeinander abgestimmt
- Aufgabenverteilung in der Partnerschaft ist klar definiert
- Unterstützungsebenen innerhalb der Familie und auch durch externe Dienstleister sind eruiert und einsatzbereit
- Familien- und Unternehmerumfeld ist für die Multi-Aktivitäten sensibilisiert und trägt diese mit

10.1   Lebensplanung und Unternehmerplanung existieren und sind aufeinander abgestimmt

Es gibt Phasen im Leben und im Unternehmerleben, in denen beinahe 100 % Aufmerksamkeit von Nöten sind. Dabei sind es meist die gleichen Lebensphasen, die hier und da aufwendig sind: Der Start eines Unternehmens ist dabei sicherlich genauso intensiv wie z. B. die Geburt eines Kindes. Ein schlichtes Akkumulieren von solch intensiven Ereignissen im selben Zeitfenster ist anstrengend bis aufreibend und im Ergebnis unbefriedigend. Lässt man derartige Ereignisse jedoch zeitlich versetzt stattfinden, können sie intensiver wahrgenommen und erfolgreicher gemeistert werden. Phasenweise kann die Unternehmensplanung auch mal 24/7 beanspruchen, während in den Flitterwochen der Partner durchaus stark im Vordergrund stehen wird. Alles einleuchtend und doch selten transparent geplant und in Lebens- bzw. Unternehmenspartnerschaften besprochen und gemeinsam für gut befunden. Nur ein gemeinsam besprochenes Timing entschärft den sonst explosiven sozialen Sprengstoff. Hier empfiehlt sich die anschauliche Visualisierung auf einem Zeitstrahl Abb. 10.1. Dabei sollte direkt ein komplexerer Ausblick auf die kommenden Jahre in Beruf und Leben und die selbst-gesteckten strategischen Ziele gewagt werden. Eine Überprüfung und Zielerreichungskontrolle empfehlen sich einmal jährlich. Diese regelmäßig globale SOLL-IST-Analyse der Ziele im Leben und Beruf hilft auf das Wesentliche im hektischen Alltag zu fokussieren. Die Karriere zu planen, ist ein Fehler, weil man zwangsläufigen Abweichungen nicht offen begegnet und eine Planung am Anfang oder inmitten einer Karriere auch immer nur die Perspektive des jeweiligen Erfahrungs- und Netzwerkstandes einer Person abbildet. Deshalb ist es schlichtweg falsch, sich einen Tunnel zu bauen, der zu lange vorausschaut und außerdem alle Möglichkeiten der Verbesserung begrenzt. Was man aber grundsätzlich immer wieder im Blick haben sollte ist, was einem Spaß macht und besonders gut liegt. Überlegen Sie sich, was auf Ihrem Grabstein stehen soll und wagen Sie das Leben und auch Ihre unternehmerischen Aktivitäten vom Ende her zu planen. Die Methode eignet sich vielleicht nicht für jemanden, der große Sorgen hat oder total „verplant" ist, führt aber vor Augen, dass man seine naturgegebenen Ziele nicht aus den Augen verlieren sollte und, dass sie in Familie und Beruf stark verzahnt sind und ein gewisser Teil des Unternehmer- und Familienlebens schon unveränderbar in der Vergangenheit liegen.

Zur verzahnten Lebens- und Unternehmensplanung bietet sich beispielhaft die GANTT-Methode Abb. 10.2 an.

Praxisbeispiel

Eine junge Ärztin entscheidet sich nach dem 2. Staatsexamen zur Spezialisierung im Fachgebiet Radiologie mit dem Ziel, sich künftig an einer

Lebens- und Unternehmensplanung

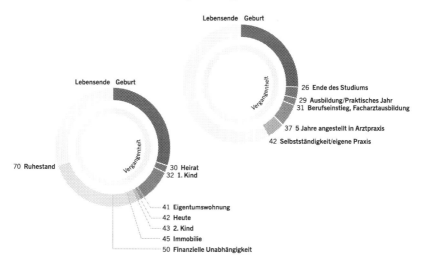

Abb. 10.1 Lebens- und Unternehmensplanung, Quirin Graf Adelmann

Zielerreichungsplanung Beruf und Familie

Am Beispiel einer Weiterbildungsassistentin Radiologie

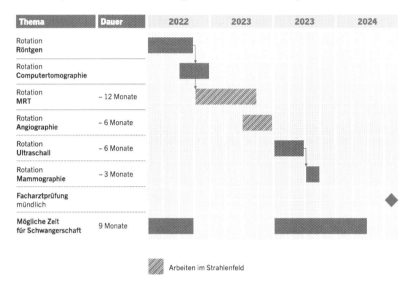

Thema	Dauer	2022	2023	2023	2024
Rotation Röntgen					
Rotation Computertomographie					
Rotation MRT	~ 12 Monate				
Rotation Angiographie	~ 6 Monate				
Rotation Ultraschall	~ 6 Monate				
Rotation Mammographie	~ 3 Monate				
Facharztprüfung mündlich					
Mögliche Zeit für Schwangerschaft	9 Monate				

Arbeiten im Strahlenfeld

Abb. 10.2 Zielerreichungsplanung Beruf und Familie, Florian Löhlein

Radiologischen Praxis zu beteiligen und unternehmerisch ärztlich tätig zu werden.

Die gewünschte Qualifikation „Facharzt Radiologie" erwirbt sie in ca. 5 Jahren durch das Bestehen einer mündlichen, einer schriftlichen Prüfung, sowie durch den Nachweis von geleisteten Untersuchungen und Anzahl der Eingriffe/Operationen, die sie in „Rotationen" sammelt. Unternehmens- und Lebensplanung sollten hier unbedingt parallel betrachtet werden: die Ausbildung verlängert sich, richtig abgestimmt auf die Schwangerschaft nur marginal. Ohne Koordination beider Welten dauert die Ausbildung mehrere Jahre länger. Beispielsweise dürfen Schwangere nicht einem Strahlenfeld ausgesetzt sein, was z. B. bei Interventionen wie der Implantation oder Explan- tationen von Medikamenten-Zugängen der Fall ist. Eine – auch anpassbare Planung – des Big Picture zum eigenen beruflichen und privaten Leben ist also hilfreich und vermeidet unnötigen Pausen und Umwege.◄

10.2   Aufgabenverteilung in der Partnerschaft ist klar definiert

Die Erwerbstätigenquote in Deutschland ist von 67,8 % im Jahr 1991 auf 75,8 % in 2021 gestiegen [16], was anschaulich macht, dass strikte Rollenverteilung in Familie und Beruf weniger möglich ist. Jeder ist gefordert und der berufliche Leistungsträger übernimmt nunmehr auch Aufgaben in der Familie: Dazu kommt, dass beinahe jeder heutzutage dies auch aktiv sucht, beispielsweise wenn es um die Auswahl und Anwendung von Erziehungsmethoden geht. Auf der anderen Seite möchte auch ein familienorientierter Partner bei der strategischen Ausrichtung z. B. des Unternehmens des Partners mitbestimmen.

Gleichzeitig sollten unterschiedliche Fähigkeiten auch in einer Partnerschaft zur Spezialisierung und arbeitsteiligen Erledigung einer Aufgabe durch den Besten für die jeweilige Aufgabe führen. Nur eben heute nicht mehr klar getrennt nach Familie und Unternehmung.

10.3   Unterstützungsebenen innerhalb der Familie und auch durch externe Dienstleister sind eruiert und einsatzbereit

Erfolgreiche Unternehmer lassen keine Sollbruchstellen zu, sondern bauen stabile Systeme. Das braucht es für Multi-Aktivisten in Familie und Beruf besonders. Stabilität funktioniert über Familie vor Ort – historisch häufig vorkommend – ermöglichte die Rund-um-die Uhr Betreuung von Kindern in der Großfamilie. Das ist heute selten Realität, da überregionale Partnerwahl und karrierebedingte Ortswahl vorherrschen. Es gilt aktiv zu realisieren, dass derartige Stabilität ersetzt werden muss, wenn nicht innerhalb von Familien- und Freundeskreisen, dann durch Profis wie Nannys, Babysitter und Studenten. Unterstützung ist wiederum in allen Bereichen nötig: Angefangen mit der Kinderbetreuung, über die Reinigung bis hin zum Kochen, Einkaufen und auch im beruflichen Umfeld sind mehr Delegation und Bedarf für Unterstützung gegeben. Der Schlüssel liegt hier im systematischen Vorgehen beim Aufbau stabiler Unterstützungssysteme Abb. 10.3 sowie der jeweiligen Lebenssituation angepasst. Familie und Beruf sind folglich verschmolzen und verschmelzen immer mehr[16]. Familie ist also Bestandteil eines Managerberufs.

Familienleitung

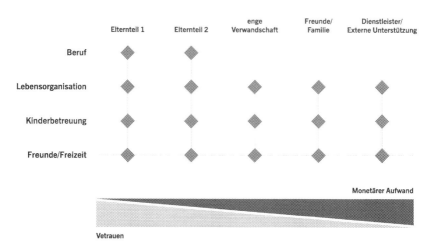

Abb. 10.3 Familienleitung, Florian Löhlein

10.4   Familien- und Unternehmerumfeld ist für die Multi-Aktivitäten sensibilisiert und trägt diese mit

Neben dem gezielten Vorgehen beim Aufbau des richtigen Unterstützungssystems gilt es auch im Umfeld moralische Unterstützung für das eigene Tun zu haben. Der Multi-Aktivist muss mit traditionellen gesellschaftlichen Normen brechen und akzeptieren, dass er als „Rabenmutter/-vater" dasteht, da er/sie sich nicht komplett für den Nachwuchs aufopfert. Kommt es hier zu offenen Auseinandersetzungen ist eine Reduktion entsprechender Aktivitäten und Kontakte zielgerichteter als der Versuch, grundlegende Weltanschauungen zu verändern. Es gilt also selbst zu führen und nicht als Führungskraft den Anschauungen anderer zu folgen oder diese zu befolgen. Also gilt auch hier das grundlegende Psychologische Prinzip der Glücksforschung: „Love it or leave it" Entweder man findet sich mit der Situation wie sie ist ab, oder man verlässt das Umfeld. Eine Änderung des beruflichen oder familiären Umfeldes ist zwar denkbar, aber (sehr) unwahrscheinlich durchhaltbar.

Literatur

1. Statistisches Bundesamt, Mikrozensus (2022), Erwerbstätigenquoten 1991 bis 2021. https://www.destatis.de/DE/Themen/Arbeit/Arbeitsmarkt/Erwerbstaetigkeit/Tabellen/erwerbstaetigenquoten-gebietsstand-geschlecht-altergruppe-mikrozensus.html;jsessionid=9CC9044FA87D4B68132FF10A69EC96B9.live722, abgerufen am 30.05.2022
2. Adelmann Q König S (2022), Das neue Büro nach COVID-19. Springer Gabler, Wiesbaden

Fazit

Herr oder Frau seiner/ihrer eigenen Zeit zu sein bedeutet, gedanklichen und inhaltlichen Vorsprung der eigenen Zeit zu haben und den Rhythmus der Zeit selbst zu bestimmen. Dafür braucht es konstante Struktur, die recht einfach einzurichten und aufrecht zu erhalten ist. Wer die Disziplin hat, sich wenigstens für ein Jahr testweise wie oben beschrieben einzurichten, wird merken, wie einfach es ist, in einer Gesellschaft erfolgreich zu sein, in der heute mehr life als work Schwerpunkt ist. Die aktuelle Diskrepanz zwischen ausreichendem Lohn für Arbeit und Kampf für mehr freie Zeit bei gleichzeitig steigenden Anforderungen zu Kapital zum Aufbau der Zukunft wird wieder Wettbewerb um Ressourcen erhöhen und damit die Notwendigkeit stärkerer Leistung hervorrufen, die mit diesem Buch einfacher zu erreichen ist.

Q. Graf Adelmann v. A. und F. Löhlein, *Effizienz- und Leistungserhöhung durch Tagesstrukturierung*, essentials, https://doi.org/10.1007/978-3-658-38701-3_11

Was Sie aus diesem *essential* mitnehmen können

- Die eigene Tagesstruktur mit den Empfehlungen dieses Buches abgleichen und anpassen
- Die Unterscheidung der Herausforderungen an Führung nach Unternehmensgröße, Phase und Branche
- Beweisen Sie Mut zur Veränderung und Kontrolle des eigenen Tuns
- Schlüssel für die Optimierung des eigenen Erfolgs
- Abhängigkeiten und Rhythmus von innen und außen in das eigene Zeit- und Effizienzmanagement einbetten

Printed in the United States
by Baker & Taylor Publisher Services